總序／温故而知新

晚清以來，西力東漸，西方文化思想的著作也大量譯成中文，最著名的如嚴復與林紓的譯著，影響了整個二十世紀中國的知識界與文學界，使得中國文化的思維脈絡爲之丕變。除了西方思想經典、文學與實證科學著作的翻譯，以實證方法系統化探討中國文史的域外漢學，也對中國學術思想界産生了莫大衝擊，改變了中國學術的著述方法與取嚮。

中國傳統的知識結構，是按經史子集四庫分類的，以儒家意識形態的經學爲文化知識的砥柱，以史學爲貫串歷史經驗的殷鑒，至於子部與集部，則是作爲保存文獻、擴大知識面的附帶知識，可以耽情冥想，可以悠遊玩賞，却都是邊緣化的知識，無關聖教的弘揚，無關文化精髓的宏旨。西方文藝復興之後的現代學術體系，在知識分類上，與中國傳統大相徑庭，講究系統分科，不同知識領域各有其客觀存在的價值，有其相對獨立的目的與標準。日本知識界在明治維新以來，鑒於東方文明落後於西方的船堅炮利，率先效法西方，在追求「文明開化」、「脱亞入歐」的過程中，爲日本學術發展循着現代西方的體例，建立了哲學、文學、歷史學、經濟學、法學、商學、物理學、化學、地質學、醫學、農學、工程學、植物學、動物學等等新型學科，企圖與西方學術齊頭並進，從而影響了中國近代學術體系的發展。

本叢刊選印二十世紀上半葉出版的漢學譯著近百冊，分爲三大類：「歷史文化與社會經濟」、「古典文

獻與語言文字」、「中外交通與邊疆史」，反映民國時期學術界重視西方及日本漢學研究的成果，藉助他山之石，重新審視中國傳統歷史文化的意義，特别是開拓了傳統學術忽略的領域。五四新文化運動以來，中國學者如蔡元培、胡適都提倡「整理國故」，以理性實證的方法，對中國文化傳統做出系統化的研究，是與這些漢學譯著相輔相成的。這些譯著除了介紹域外漢學的成果，還引進了嶄新的學術研究方法與視角，有助於梳理中國文化傳統的脈絡，重新整合知識結構與學術體系。雖然這些學術著作不是中國學者的成就，無法納入二十世紀中國文史學術的主脈，但是從中文譯本的影響而言，起碼也應當視爲中國近代學術發展的支脈或潛流，不容忽視。可惜的是，到了二十世紀下半葉，因爲兩岸政治形勢的變化，這些漢學譯著，除了部分因王雲五重新入主臺灣商務印書館，而得以在臺灣做了少量的重印，在大陸的出版界，則完全受到遺忘，甚至在許多新成立的大學圖書館中也不見踪影。我們搜集了近百冊塵封的漢學譯著，呈現給二十一世紀的中國學術界，一方面是爲了銘記前人爲推展學術而做出的努力，另一方面也是爲了提醒新常態時期的學人，學術發展有其歷史累積的脈絡，可以從中汲取歷史經驗，温故而知新。

説到「温故知新」與這批早期漢學譯著的關係，可以從兩個方面來思考，以見翻譯域外漢學如何反映了時代精神，爲融匯東西方學術思維，重新闡釋中國文化傳承，做出不可磨滅的貢獻。一是域外漢學的研究對象，以中國歷史文化典籍爲主，屬於中西文化碰撞期間興起的「國學」範疇，與五四新文化人物提倡的「整理國故」運動若合符節。研究中國歷史文化，並賦予新的學術意義，是清末民初知識精英念茲在茲的心結。歷史發展走到一個環節，時代的狂風揚起了批判傳統的大旗，風中的英雄幫着推波助瀾，却又無時或忘自己民族文化主體的未來，糾纏於「傳統」能否「現代」的困境。域外漢學的出現，以西方實證方法研究中國歷史文化傳統，綜合東西方各種語言文字材料，擴大了研究國學的眼界，即使無法打開中國文化傳統是否走到

盡頭的心結，至少是提供了一個解惑的方嚮，在大霧彌漫的夜晚，看到了依稀渺茫的星光。

二是翻譯域外漢學，有一種以子之矛攻子之盾的吊詭作用，逐漸化解了中國文化思維中的自大心理與封閉心態，讓唯我獨尊的國粹基本教義派解除武裝到牙齒的盔甲，轉而吸收並接受西方實證研究的學風。民國期間新式教育制度的推行、學術體系的變化、大學學術專業的創建，具體到北京大學國學門的成立，中央研究院規劃歷史、語言、考古的研究領域，都與翻譯域外漢學背後的旨意是息息相關的。因此，重新閱覽這批民國期間的漢學譯著，對二十一世紀的現代學人來說，温故而知新，不但可以窺知民國學人追求新知的心理狀態，也會刺激吾人反思，認真思考學術研究方法與中國學術發展的前景，更進一步，探索文化傳統的重新闡釋與新知介入的關係。知識體系的變化當然與傳統的重新闡釋有關，是外爍的影響大呢，還是內因變化的成分居多？

論語·爲政記載孔子說：「温故而知新，可以爲師矣。」歷代解經，對這個「爲師」的道理，有兩種相近似但又取嚮不同的解釋。朱熹四書集注說：「故者，舊所聞。新者，今所得。言學能時習舊聞而每有新得，則所學在我而其應不窮，故可以爲人師。若夫記問之學，則無得於心而所知有限，故學記譏其不足以爲人師，正與此意互相發也。」雖然朱熹把知識分爲「舊所聞」與「新所得」，强調的却是「學而時習之」，從中生發新的心得，也就是從詮釋舊典中得到新知。這個說法與朱熹在鵝湖之會以後，作詩唱和，寫給陸九淵的詩句，「舊學商量加邃密，新知涵養轉深沉」，异曲同工，是一個意思，萬變不離其宗，舊學與新知是同一個脈絡的知識學理。

然而，有些朱熹之前的經學家，解釋「温故知新」，却有不同的取嚮。皇侃論語義疏就說：「故，謂所學已得之事也。所學已得者則温尋之不使忘失，此是月無忘其所能也。新，謂即時所學新得者也。知新，謂

日知其所亡也。若學能日知所亡，月無忘所能，此乃可爲人師也。」皇侃明確説到，「故」指的是過去所學的知識，而「新」則指的是新近學到的知識，新舊結合，相互發明，就可以「爲人師」了。邢昺論語注疏循着皇侃的思路，也説：「言舊所學得者，温尋使不忘，是温故也。素所未知，學使知之，是知新也。既温尋故者，又知新者，則可以爲人師也。」這裏講的「素所未知」，就不衹是研讀舊學，有了新的體會，從過去的傳統中發展出的「新知」，而是從來没聽過、没想過的新學問了。這種「素所未知」的新學問，結合「舊所聞」，對習以爲常的知識框架，就會産生巨大的衝擊，而出現飛躍性的結構變化。知識内容或許大體沿襲傳統，知識結構却得以重新整合，出現嶄新的認知系統，重新審視自己文化傳統的意義，打開文化傳承的新局面。二十世紀上半葉的漢學譯作，就發揮了這樣的作用，促使中國學者放棄自我中心的文化態度，從各種不同側面，探知中國歷史文化的光譜，以域外（或是全球）的角度觀測中國傳統，摇動了文化的萬花筒，看到七彩繽紛的中國。

嚴復在甲午戰争之後，改良變法思想風起雲涌之時，開始大量翻譯西方思想經典著作，是有感於國人（特别是傳統文化孕育的知識精英）思維系統封閉，企圖介紹實證新知，引進邏輯思維的方法，以破除儒學之道「一以貫之」與「放之四海而皆準」的虚妄。他翻譯天演論，在序文中提到，有人歸納東西方學術思想，認爲中國文化重精神，是形而上之學，立意高超，而西方文化重物質，是形而下之學，衹追求功利的回報。他認爲，這種自以爲是的蒙昧態度，陷入傳統舊學的框囿而不自知，没有自我反思的能力，無法吸收「素所未知」的新知識，也就無法開展並弘揚自己的文化傳統。嚴復非常清楚他翻譯西方經典的目的，是爲了介紹新知，打破中國傳統思維的封閉性，但是，作爲披荆斬棘的拓荒人，他深知思想封閉者的頑固心理，必須因勢利導，以免遭到盲目衛道之士的攻訐。嚴復有其防身的策略，不會像許褚戰馬超那樣赤膊上陣，而

是以桐城文章譯述赫胥黎、斯賓塞、穆勒、亞當·斯密、孟德斯鳩，博得晚清知識精英的贊許，文章深閎而傳入了新知義理。從文化變遷的角度而言，通過翻譯，以迂迴戰術來介紹西方思想，得到巨大的成功，産生了改變傳統思維體系的實效，是中國近代思想史上影響深遠的大事。以此類推，民國時期大量翻譯域外漢學的影響，也是不容忽視的思想史課題。

關於清末民初西方學術思維衝擊中國知識精英，顛覆傳統文化的知識結構，錢穆在現代中國學術論衡的序言中，從中國文化本位的立場，發出深刻的感慨，做了籠統的批評：「文化异，斯學術亦异。中國重和合，西方重分別。民國以來，中國學術界分門別類，務爲專家，與中國傳統通人通儒之學大相違异。循至返讀古籍，格不相入。此其影響將來學術之發展實大，不可不加以討論。」錢穆所指出的問題，是傳統知識體系强調「通」，文史哲不分家，最崇尚通儒，而現代學術講究專業分科，各司其職，以至於讀不通古籍呈現的整體性知識思維。姚名達在撰寫中國目録學史的時候，對西力東漸，西潮帶來的翻譯著作及新知新學，也有類似的感慨：「四部分類法，不合時代也，不僅現代爲然。自道光、咸豐允許西人入國通商傳教以來，繼以派生留學外國，於是東西洋洋籍逐年增多。學問翻新，迥出舊學之外。目録學界之思想不免爲之震蕩。」這種對學術體系發生重大變化的觀察，反映了中國學人從晚清一直到民國，夾在東西方兩種不同思維體系的衝突中，身歷其境的切身感受，因此感觸良多。

二十世紀上半葉最能代表中國學術的通儒是王國維與陳寅恪，他們浸潤了經史子集的四部知識傳統，承繼乾嘉篤實的考據學風，却都經過西洋邏輯思維與實證科學的洗禮，參與中國知識結構的轉型。對西方現代知識結構如何在中國生根發芽，不但再三致意，并且以自己的學術實踐來努力促成。王國維早在一九〇二年就寫信給張之洞，反對把經學列爲大學分科之首，而主張效法西方與日本的大學，設立哲學科，明確指出知

識結構的分類不可因循傳統，而必須另起爐竈。陳寅恪在一九二五年就清華大學建制的問題，寫了吾國學術之現狀及清華之職責，指出大學的職責在於學術之獨立，而中國學術界的情況令人十分不滿，必須認真效法西方學術的體制及實踐。他説：「蓋今世治學以世界爲範圍，重在知彼，絶非閉門造車者比。」這兩位國學大師，對西方與日本的漢學研究十分注意，都是以開放態度對待域外漢學研究，集思廣益，以成其大家。

再回到「温故知新」的歷代經解，説説文化傳承的闡釋學意義。劉寶楠在論語正義中指出，上古之時，文化知識是上層統治精英的家學，不再治理實際政事的長者可以傳遞德行的知識，可以爲人師。「温故而知新」，就顯示長者不忘舊時所學，且能吸收新知，繼承并發揚這種學術與政治合一的傳統。到了孔子之時，時代出現了變化，士大夫不見得能够謹守家法，弘揚德行，也不一定能够「爲師」了。孔子之後，世變日亟，「道術爲天下裂」，文化知識不再爲少數統治精英所壟斷，也不必然與治理政事有關，學術在民間百花齊放，百家争鳴。但是，學術知識發展的脈絡基本未變，仍然是要温故知新，進德修業。從劉寶楠不經意的闡釋中，可以看到時代變遷影響了學術文化的内容，改變了知識結構的體系，但其内在發展的理路仍舊，還是需要舊學與新知的融合，才能有所發展。

劉寶楠還引述了劉逢禄的解釋：「故，古也。六經皆述古昔、稱先王者也。知新，謂通其大義，以斟酌後世之製作，漢初經師皆是也。」劉寶楠贊成這個説法，並指出，漢唐人解釋「知新」，大多數都沿用此意。也就是説，舊學是傳統的知識結構體系，新知是時代變化出現的新知識，必須相互斟酌，才能發揮得宜。至於如何對舊學「通其大義」，就見仁見智，各有説法了。從這個通達的詮釋來討論近代西學東漸的情況，我們可以看到，「温故而知新」在民國學人的心底，是産生「傳統」與「現代」糾葛的心理陷阱，不易跨越。若依照朱熹的説法，「學能時習舊聞而每有新得，則所學在我而其應不窮」，雖然在哲理上可以模模糊糊説

通，但在清末民初的具體歷史環節，西學的新知屬於完全不同的知識體系，在原有的舊學脈絡中，根本無從立足，如何「其應不窮」？所以，真要放之四海而皆準，提升「温故而知新」的普世意義，以理解域外漢學譯著與近代學術知識體系變遷的文化史意義，我們認爲，皇侃、邢昺，一直到劉寶楠的闡釋，是比較合適，並與現代文化闡釋學的説法相近。

伽達默爾（Hans-Georg Gadamer）在他的名著真理與方法中，説到認知理性與文化傳統的關係，特别指出，人們通過理性，來判斷歷史文化中事實的真相，但是人的理性與生存環境息息相關，與傳統所衍生的豐富文化底藴有關，不可能完全超越文化傳統的思維脈絡。他認爲，人生活在文化傳統之中，就不可能「遺世獨立」，以全能超越的抽象思辨來認識傳統，甚至是批判或顛覆傳統。傳統是歷史文化延續與傳承的表徵，不會一成不變，而我們的認知理性也會因時代變遷，而不斷重新詮釋傳統。伽達默爾的闡釋學以西方文化傳統爲例，説明新知如何納入傳統，而使文化傳統生機不斷，生生不息，與中國歷代經學家的説法（朱熹除外），有异曲同工之效。以此觀照民國時期的漢學譯著，我們認爲，這批學術新知傳入中國，對中國文化傳統的繁衍與發展，實有承先啓後之功。

近代海外漢學名著叢刊的出版，最值得感謝的是南兆旭先生二十多年來搜羅的執着與努力。雖然這套叢刊不能窮盡民國時期的漢學譯著，但是，能滙集上百册自一九四九年以來在國内不曾重印的學術著作，再度公之於世，總是功不唐捐的大功德。忝爲本叢刊的主編，我面對這批民國學術材料，先是感到紛雜無章，有些原作者的學術素養也難副當前的學術標準，甚爲猶豫。後轉念一想，這是上個世紀中國最紛亂時期的學術記録，也是民生凋敝，國勢隤危，内亂外患交加之際，仍有許多學者孜孜矻矻，戮力翻譯域外漢學，爲中國學術的傳承拓展新知的坦途，不禁肅然起敬，開始用心整理分類。掛一漏萬，在所難免，好在有學殖豐贍的

諍友擔任分卷主編，並撰寫各分卷前言，實在是衷心銘感。有傅杰教授負責「歷史文化與社會經濟」、戴燕教授負責「古典文獻與語言文字」、霍巍教授負責「中外交通與邊疆史」，吾道不孤矣。在整理編輯過程中，周威先生費心最多，也是我要衷心感謝的。

道術之存亡，全在人心之嚮背。這批民國漢學譯著重新問世，對我們生長在承平之世的學人，應當有激勵的作用，爲學術研究多盡份力，讓中國學術發展更上一層樓。

鄭培凱

二〇一五年七月

前言

在中國近現代學術史上，一個重大的轉折時期出現在清末民初，中國文化和中國學術幾千年來所積澱的自負和驕傲，受到前所未有的衝擊和挑戰。這種壓力既來自外部，也來自於内部，既包含着一個古老民族對於西方列强從政治、軍事、經濟、文化等各個方面强勢壓迫的自然反抗，也有着當時學人從學術傳統、研究範式、價值取嚮、材料方法等深層次的理性思考。在這樣一個大背景之下，陳寅恪先生因主張「一時代之學術，必有其新材料與新問題」而著稱於世，傅斯年先生也因倡導「上窮碧落下黄泉，動手動脚找東西」而聲名顯赫。其實，傅斯年先生這句名言的出處是在他撰寫的歷史語言研究所工作之旨趣一文當中，在講這句話的前面，他還有很長的一段話比較了當時中西學術發展出現的差距，并且指出了學術發展的三項標準：

（一）凡能直接研究材料，便能進步。凡間接的研究前人所研究或前人所創造之系統，而不能繁豐細密的參照所包含的事實，便退步。（二）凡一種學問能擴張他研究的材料便進步，不能的便退步。西洋人研究中國或牽連中國的事物，本來没有很多的成績，因爲他們讀中國的書不能親切，認中國事實不能嚴辯，所以關於一切文字審求、文籍考訂、史事辯别等等，在他們永遠一籌莫展。但他們却有些地方比我們範圍來得寬些。我們中國人多是不會解决史籍上的四裔問題

的，丁謙君的諸史外國傳考證，遠不如沙萬君之譯外國傳、玉連之解大唐西域記、高幾耶之注馬可波羅遊記、米勒之發讀回紇文書，這都不是中國人現在已經辦到的。凡中國人所忽略，如匈奴、鮮卑、突厥、回紇、契丹、女真、蒙古等問題，在歐洲人却施格外的注意……（三）凡一種學問能擴充他做研究時應用的工具的，則進步，不能的，則退步。……西洋人做學問不是去讀書，是動手動脚到處尋找新材料，隨時擴大舊範圍，所以這學問才有四方的發展，嚮上的增高。〔一〕

他這裏所强調的材料的擴充、方法的進步，尤其舉出研究中國「四裔問題」上西方學術界的重視與所獲成績的例子，實際上都暗含着兩層意思在內：其一，是倡導重視除文獻材料之外地下材料的出土，號召學人不讀死書，而要「動手動脚到處尋找新材料」，才有可能拓展學術空間，「隨時擴大舊範圍」。西方學者古書遠遠不如中國人讀得好，却能够不斷拓展新領域，取得新成績，這是一個重要的原因。其二，是主張將研究空間從傳統的中原地區嚮着邊疆地區（亦即舊籍中的「四裔」）拓展，認爲這將是中國學術未來發展的方嚮。他尤其提到的匈奴、鮮卑、突厥、回紇、契丹、女真、蒙古等問題，都是國人重視不足，但「在歐洲人却施格外的注意」的新問題。直到今天看來，傅斯年先生所倡導的這個方嚮，也仍然具有深遠的戰略眼光。民國時期學術所受海外漢學的影響是多方面的，而其中對於中國邊疆、民族和中外文化關係等方面的研究成果尤其引人注目，也爲時人所重視，都與這個時代背景有着密切的關係。

近代以來，西方學者（包括被國人視爲「東洋」的日本學者在内）的一批學術著作陸續被翻譯成中文出版，成爲當時國人瞭解西方並從而反觀自身的一面鏡子。其中，被選入本套近代海外漢學名著叢刊的許多名

〔一〕傅斯年：歷史語言研究所工作之旨趣，國立中央研究院歷史語言研究所集刊第一本第一分，民國十七年十月。

家著作，堪稱其代表之作。這當中，有對中國古代民族史進行深入研究的白鳥庫吉著康居粟特考、帕克（E.H.Parker）所著匈奴史、津田左右吉著渤海史考等名著，也有涉及中國古代民族制度文化史的箭内亘著元朝制度考、元代經略東北考等系列研究專著。尤其是在中外文化交流和關係史方面，日本學者桑原騭藏著唐宋貿易港研究、木宫泰彦著中日交通史等著作，都開啓了這個領域的研究先河，影響甚爲深遠。

這批海外漢學名著的學術特點非常突出，一方面，它們大都充分利用了豐富的中國古代歷史文獻進行精深的文本分析，體現出作者的漢學水平和深厚的古文獻根基；但另一方面，從總體的研究方法上却與傳統的中國學術大相徑庭，作者已經不再像二十四史的史家那樣仍舊站在中原王朝正統史觀的立場來觀察所謂「四裔」，進行粗綫條的描述，而是以西方考古學、人類學、社會學等全新的研究方法和理論對研究對象從歷史語言、地理環境、社會組織結構、人群遷移流動、對外文化交流等不同的層面和角度加以剖析，從而展示出前所未有的學術新格局。在這批著作中，還有一部分屬於作者實地考察的行記，如鳥居龍藏所著東北亞洲搜訪記等，無論其學術水平如何參差不齊，但都體現出西方學術界重視田野工作、擴大和豐富新材料的研究取嚮，也和當時西方學者大規模進入我國邊疆地區開展所謂「考察」、「探險」活動的歷史背景相互呼應，由此對中國學人所産生的激烈震蕩和隨之而來「敦煌學」、「西夏學」、「蒙古學」、「藏學」等新的研究領域的形成，應當説都與之不無關係。

我們不能不注意到，在這批海外漢學名著中，日本學者的著述頗豐，這個特點也反映出近現代學術史上「東洋」與「西洋」之關係。自明治維新以來，日本以「脱亞入歐」爲國家目標，不僅在政治、經濟和軍事上努力以西方爲效仿和追趕對象，在文化上也與傳統的「以中國文化爲師」的模式拉開距離，出現了學術文化上的明顯轉型。在嚮西方學術學習借鑒方面，日本的確走在了中國的前頭，甚至承擔了嚮中國「轉手」輸

入西方文化的「中間人」的角色。在中國的邊疆、民族、中西交通史等方面，日本學術界和西方學術界聯繫緊密，將其對中國傳統史籍的精深理解和西方研究範式的具體實踐有效加以結合，產生出一批重量級的學術成果，這也是清末民初投射在中國學術史背景上的一個濃重剪影。

當然也無須諱言，由於時代的局限，這套叢書所能够借以參考、使用的實物史料隨着地上地下考古文物的不斷發現，已經顯得落後。自二十世紀五十年代以來，中國學者在邊疆考古領域取得了重要的成績，尤其是在新疆、西藏、内蒙古、東北各地的田野工作爲匈奴、鮮卑、粟特、吐蕃、突厥等若干古代民族問題的研究都提供了大量新材料，提出了不少新問題。但是我們不能苛求前人，放在當時的歷史背景之下來看，叢書作者所顯現的問題意識、史料運用和研究方法，至今也仍然是具有借鑒作用的。

最後我們還應注意到，這批海外漢學著作的譯者有些是國人知曉的史學名家，如向達先生、趙敏求先生、方壯猷先生等，他們均具有深厚的傳統國學根底，也具有寬廣的國際視野，其中如向達先生曾遊學歐洲多國，在敦煌學、中西文化交流史研究等方面建樹卓越。但是，也還有更多的編譯者今天已經不再爲人知曉，這反而證明了一個事實：在清末民初這個中國近現代學術史轉型時期，西方學術所帶來的衝擊和影響，不僅僅波及少數學術精英，而且也深刻地震蕩着社會各個階層，中國人嚮西方學習從而變革求新、救亡圖存的强烈願望，可以説是這些譯著當年問世時最爲直接的「催生劑」。今天，在中華民族爲實現偉大的民族復興和「中國夢」的美好願景而努力奮鬥的新時代，重讀這套叢書，「温故而知新」，可以説是意味深長。

四川大學教授、博士生道師、教育部長江學者特聘教授

霍　巍

作者簡介

著者

桑原騭藏（一八七一年—一九三一年），出生於日本福井縣敦賀。一八九八年就職於東京第三高中，教授東洋史課程。同年，他自己在研究生期間開始撰寫的第一部著作中等東洋史完成並出版。一八九九年轉任東京高等師範學校教授。一九二六年，因其宋末提舉市舶西域人蒲壽庚的事迹（通常簡稱蒲壽庚考）而獲得日本學士院獎。著作有中等東洋史、東洋史説苑、東西交通史論叢、東洋文明史論叢、考史游記等書。

譯者

楊鍊，二十世紀二十年代曾在日本陸軍經理學校留學。經他翻譯的日本漢學著作有張騫西征考、唐宋貿易港研究、中國歷代社會研究、西域研究、西北古地研究、長安史迹考、東亞文化的曙光、古物研究、西南亞細亞文化史等。

目次

唐宋貿易港研究

一　市舶司及市舶

桑原隲藏

畏友藤田君曾於大正六年五月之『東洋學報』上，發表「宋代市舶司及市舶條例」一大論文，其對吾儕前年來在該雜誌上揭載之「關於宋末之提舉市舶使西域人蒲壽庚」一文，頗多糾正。因之吾輩於同年九月之該雜誌四二頁中，曾預告曰：

予於大體上，感謝其糾正，同時，對之不無幾分疑惑。予於次回之本論文中，即將此二三疑點，——以言及予之論文爲限——披瀝之，就正於藤田君。

不幸其後罹大病，至今猶在靜養中。在此讀書執筆不自由之中，不斷反覆焦慮二三年間蒲壽庚之論文，宜早結束。該論文因預定在本回終結，當於一二月後由該雜誌發表之。同時，關於酬答藤田君

糾正之計畫，苟欲起稿，似需豫料以上之頁數。因此種種不便，俄然變計，在茲揭載如表題之獨立小論文，以果前次豫約之義務。

藤田君糾正吾輩所論，其主要者，計有左列三項：

第一：關於市舶之名稱

藤田君於昨年五月之『東洋學報』二四四頁中，駁擊余說云：

桑原博士云「中國人對於往來於中國之外國貿易船，普通稱曰市舶或互市舶。」（史學雜誌第二十七編第二號）余輩以爲至少在唐宋時代，未見其用例。蓋市舶雖原爲互市船舶之義，但成爲官名後，則一般商船，似不用此名矣。

而藤田君個人對於市舶之定義則云：

從來所謂市舶或互市舶者，乃對西北陸上之互市而言，故稱舶上互市，或海上互市。互市之船舶，或名商舶，或稱海舶；其由外國來者，曰蕃舶，曰夷舶，或冠以國名，皆不以市舶相稱。（「宋代之市舶司及市舶條例」一六五頁）

前文意義，稍有晦澀之憾，茲姑牽強解釋之：

（1）市舶者，非指互市之船舶，乃指船舶在海上互市之行爲者。然則，所謂市舶者，將與海上貿易爲同一意義矣。

（2）由中國向海外出帆之互市船舶，謂之海船或商船；由外國前來中國之貿易船，則名蕃舶或夷舶，二者區別判然。

約得歸結爲上列兩點。若果如此推察，則吾輩對於藤田之定義，不禁持有大惑在焉。

（1）藤田君之解釋，多半係根據『粤海關志』卷二等所載：

在陸路者曰互市，在海道者卽曰市舶。

惟此定義，甚覺可怪。因第一：海上貿易亦曰互市之例證，多如山積。卽由漢文之慣例言，以市舶或互市舶解作互市之舶，較之在船互市之解釋爲妥當也。

如『舊唐書』卷百七十八鄭畋傳中之：

左僕射于琮曰：南海有市舶之利，歲貢珠璣。

市舶，若與其下句歲貢珠璣對照，可知明為以互市為目的之航行南海之蕃舶也。又『舊唐書』卷百七十七盧鈞傳有南海有蠻舶之利之文句，尤足比照。藤田君想以此市舶，依個人主張之市舶而解釋者，惟據同一之事實，『通鑑』卷二百五十三中，載左僕射于琮以為廣州市舶寶貨所聚之句而胡三省之註曰：

唐置市舶司於廣州，以招來海中蕃舶。

此市舶，亦以解作蕃（或蠻）舶為妥也。至以此市舶，解作海上貿易，豈非難事。

然則由中國出帆至海外貿易之商舶，與由外國前來中國貿易之蕃（或蠻）舶，俱同稱市舶或互市舶者。惟言及唐宋時代之市舶司或市舶使，查其主要職責，實為取締蕃舶。因此以市舶與蕃舶給予同一之解釋，當無若何不妥之處。復有以市舶之舶字，解釋為專用於外國之貿易船者。例如：『集韻』中，舶（艊）者：蠻夷汎海舟曰舶，或从帛（卷十）又明代蔣之翹校注柳集有舶蠻夷汎海之舟之句，（『柳河東集』卷十）在明代記錄中，又有市舶與商舶之區別，商舶者，專指由中國出航至南洋之貿易船，而市舶則主要係指由海外航行至中國沿海之互市舶，有下如是之定義者。

（『天下郡國利病書』卷九十三）現藤田君自身，豈非亦以柳宗元之所謂押蕃舶使，視作市舶使之異名歟？（「宋代之市舶司及市舶條例」一六七頁）按押蕃舶使之押字，固與監（市）舶使之監字爲同一意義，又提舉市舶官之提舉二字亦略具相同之意義也。因之，必然的結果，既認押蕃舶使與市舶使爲同職異名，則蕃舶與市舶自亦相同無疑。藤田君一面言市舶與蕃舶有區別，而一方復視押蕃舶使與市舶使相同，非明露其主張之矛盾而何？

在使用文字缺乏細心之中國人用例中，時有難得其概念之感。即如藤田君之主張，關於市舶二字用例之存在，吾輩固不想特別否認之。惟主張市舶或互市舶，解作如字面之貿易船，並無何等不妥，而市舶使或市舶司之市舶以及『宋史』食貨志互市舶法之互市舶，亦依此解釋爲妥。

（2）試以『梁書』王僧孺傳之『海舶每歲至。外國賈人以通貨易』之海舶，與下文之外國賈人對照之，則其係指由外國前來之互市舶固明甚。又如『通鑑』光宅元年（六八四）一項中記載：『有商舶至。僚屬侵漁不已。商胡訴於（路）元叡』之商舶，與下文之商胡對照，則其爲貿易而航行於中國南海之蕃舶無疑。藤田君在用例上，以商舶或海舶，限定爲由中國往海外互市之船

舶者，此種判斷，殊難憑信。

在前關於藤田君唐代之市舶使一說，吾輩亦不無異論。據藤田君言，唐代之市舶使，概——此概爲藤田君之說明，過覺牽強——爲宦官，記錄上，最初所見之市舶使名周慶立，多半亦爲宦官，（「宋代之市舶司及市舶條例」一六五至一六六頁）云云。按唐時宦官（即內官）之爲市舶使者，雖非絕無，但不若謂爲特別情況，普通概以與內官相對之外官——例如廣州則爲廣州刺史或嶺南節度使——兼任之。又玄宗初年任市舶使之周慶立爲宦官，無一確證。藤田君若是抽象敍述，其理由自不免消極且薄弱矣。吾輩以爲與其想像周慶立爲宦官，毋寧認爲非宦官較妥。然此議論，涉及問題以外，故暫不申述。

第二：關於市舶使，提舉市舶使，市舶司，提舉市舶司之項。

藤田君於其「宋代之市舶司及市舶條例」二百四十五頁中，反駁吾輩所說而言曰：

桑原博士於其「關於宋代之提舉市舶使西域人蒲壽庚」一論文中「市舶者，爲互市舶之事，指當時中國沿海航來之外國貿易船，而提舉市舶司爲管理外國貿易船一切事務之

衙門，其長官則曰提舉市舶使。」其定義如此，又言：「提舉市舶使又單稱市舶使。」（史學雜誌第二十六編第十號）云云誤謬甚多。按管理海舶一切事務之衙門爲市舶司，而非提舉市舶司，市舶司之長官，初爲市舶使，在神宗以後，始稱提舉市舶司，或提舉市舶。以提舉市舶司，謂爲與市舶司同名之衙門者，固誤，尤其是以市舶司之長官爲提舉市舶使，究何所據？宋時無此官名。又市舶使或提舉市舶司之職掌，不僅專對外來貿易船之事務，並包含國內之海外貿易船焉。

綜合藤田君以上所述，約得以下四點：

（1）提舉市舶司非官衙名稱。管理海舶一切事務之官衙，在市舶司，而不稱提舉市舶司。

（2）市舶司之長官，原爲市舶使，神宗以後，始改稱提舉市舶司或提舉市舶。

（3）並無提舉市舶使之官名。

（4）提舉市舶司除管理外來貿易船之事務外，並及國內之海外貿易船。

吾輩試逐條答辯藤田君於左：

（1）藤田君以提舉市舶司爲官名，而不認爲官衙名稱。與吾輩意見相反，吾輩至今猶覺個人之見解無誤，試述於下：

『金史』百官志，有提舉南京榷貨司，其長官曰提舉。提舉南京榷貨司者，乃官衙之名，而非官職之名也。蓋提舉二字，管到南京榷貨之四字。又『元史』百官志，有市舶提舉司，其長官亦稱提舉。市舶提舉司，明爲官衙名稱，則提舉市舶司，當亦不得不爲同樣官衙之名稱矣。凡此例證，不遑枚舉。在『宋會要』紹興二年（一一三二）十月四日之詔中有：

福建提舉茶事司。權移住泉州。就舊提舉市舶司置司。

提舉市舶司，明示此爲提舉茶事司之官衙新遷所在，然則其爲官衙，固甚顯然。更在明代『八閩通志』卷八十之古蹟志中記：

市舶提舉司在（泉洲）府治南，水仙門內。（中略）宋元祐初置。後廢。崇寧復置。高宗時亦罷而復置。

此提舉市舶司（市舶提舉司），當亦爲官衙名稱，故指示其舊蹟之位置也。凡此所舉之提舉市舶

司，無論如何，應作官衙名稱解釋也。藤田君對於提舉市舶司解作官衙名稱者，一概排斥爲誤謬，不免妄斷矣。

最後，在『宋史』高宗本紀建炎元年（一一二七）有如左之記事：

六月丁卯（中略）省諸路提舉常平司，兩浙福建提舉市舶司。

而『宋會要』載：

〔高宗建炎元年六月〕十四日詔。兩浙福建提舉市舶司，併歸轉運司。

更於『宋史』職官志七復記：

建炎初，罷閩（福建）浙（兩浙）市舶司歸轉運司。

又宋王象之『輿地紀勝』卷百三十，引『建炎時政記』曰：

建炎中興詔罷福建市舶司。歸之轉運司。

在同一例證『宋史』高宗本紀上，亦有以下之記事：

紹興二年（一一三二）秋七月甲子。罷福建提舉市舶司。

至『建炎以來繫年要錄』卷五十六載：

（紹興二年秋七月甲子）罷福建提舉市舶司。依舊法令憲臣兼領。

『輿地紀勝』卷百三十，亦引『建炎以來繫年要錄』而記曰：

繫年錄云。紹興二年罷福建市舶（司。）令憲臣兼領。

且在宋王應麟之『玉海』卷百八十六，亦記：

紹興二年七月甲子。廢閩（市舶）司。

根據以上所引各書例證，提舉市舶司與市舶司實同屬官衙名稱，而提舉市舶司或略稱市舶司，更毋容疑慮。然則藤田君對於我輩認定市舶司爲提舉市舶司略稱，且兩者同屬官衙名稱之理論，猶能斷定其根本錯誤歟？

（2）『宋史』卷三百四十七，王渙之傳載：

蕃客殺奴。市舶使據舊比。止送其長杖笞。渙之不可。論如法。

按此爲徽宗崇寧年間（一一〇二至一一〇六）之事，當然在神宗改制以後。朱彧『萍洲可談』

卷二，亦見有市舶使等字樣。雖『萍洲可談』之著作年代，難以確定，但其關於廣州之記事，確在神宗改制以後。又據周密『癸辛雜識』別集上言南宋咸淳（一二六五至一二七四）末年，有泉州舶使王茂悅者。此舶使，爲市舶使之略稱，而市舶司略稱舶司者，當亦相同。要之，即在藤田君所謂神宗改制以後，市舶使一名，仍舊使用，固彰彰明甚。

然則藤田君主張，謂神宗以後，稱市舶司之長官曰提舉市舶或提舉市舶司，而不稱市舶使，吾輩關於提舉市舶，固無若何異議，惟對於提舉市舶司與市舶使，實難同意藤田君之主張。其理由已略述於上。

（3）吾輩對於藤田君斷定無提舉市舶使之官名一層，不得不費若干辯解。其實吾輩最初講演題目「宋末之提舉市舶西域人蒲壽庚」一觀其時『史學雜誌』大會之預告，即能明瞭。其後講演，在該誌筆錄之際，所以改稱提舉市舶使者，因使用文字不注意之中國人記錄中，常以提舉市舶與提舉市舶司同爲官衙名稱而使用之。——例如：『宋史』職官志七：『明年（大觀二年）御史中丞石公弼請以諸路提舉市舶歸之轉運司。不報』之句——故特意避免其混淆而然。改爲提

舉市舶使者，乃據淸魏源之『元史新編』卷五：

至元十三年（一二七五）十二月戊辰。宋提舉市舶使蒲壽庚以泉州降。

推測魏源之記事，多半係本於宋元時代之記錄，惟吾輩猶未知其的確藍本所在。因此，對於藤田君斷言無提舉市舶使之官名一層，不能引據當時記錄予以充分之反證，甚爲遺憾。祇得俟之他日檢索之。在玆僅述提舉市舶使之官名，並非爲吾輩憑空之設想，姑以此奉答藤田君之質問。

若由提舉市舶司略稱市舶司，提舉市舶官略稱市舶官之情形推察，則市舶使當可視作提舉市舶使之略稱也。市舶司之長官通稱提舉市舶，惟此提舉市舶，單視作所提舉者爲市舶固可，然解爲提舉市舶使之略稱，亦無不可。似與節度使而節度，鹽鐵使而鹽鐵，監軍使而監軍，制置使而制置，招撫使而招撫等爲同例也。

若更考察之，在元明時代，稱掌管市舶之官衙爲市舶提舉司，其長官則正爲市舶提舉司提舉。根據此用例，南宋時代，蓋稱提舉市舶司之長官爲提舉市舶司提舉或單名市舶司提舉。如明高岐之『福建市舶提舉司志』書中，以宋一代之市舶司長官，開列於宋市舶司提舉之下者，卽是。又如

『宋會要』紹興三年（一一三三）九月九日一條中，有提舉姚焯之提舉，以此解作提舉市舶之略稱，或爲市舶司提舉之省略，均無不可。

（4）提舉市舶司，不獨管理中國沿海之外來貿易船，且及中國出航海外之貿易船，固不待論。吾輩早已注意此點，於大正四年十月之該雜誌上曾言：

試舉宋代市舶司之職掌，大略如左：

（a）關於外來貿易船及貿易商人之一切事務。

外國貿易船入港時，其輸入品之檢查（有無貿易禁止品）及其保管，關稅之徵收，政府專賣品之買入，（當時香藥等外國輸入品，爲政府專賣品。）外國商人之保護，及外國船出港時之檢查（有無禁止品）等。

（b）關於由中國沿海向外國出航之中國商人之一切事務。

出發及回返時之積載檢查，與關稅之徵收等。

關於市舶之事項，欲詳加調查時，必須區別由海外向中國之市舶與由中國向海外之市舶。

本論文在問題之性質上多論前者而不及後者。（八至九頁）已論述之。然藤田君全然忽略此注意之記述，以爲吾輩不知提舉市舶司管理國內之海外貿易船，而加以攻擊，誠可異也。

第三：關於懷聖寺及光塔

吾輩在大正五年五月之該雜誌上，發表宋代居住廣州之蒲姓與廣東現存之懷聖寺及光塔之關係時，曾附帶言及唐宋時代之記錄上，不見懷聖寺與光塔之事。而藤田君對此引出南宋方信孺『南海百詠』中關於此等寺塔之記事曰：

桑原博士曰：『據予所知，在唐宋時代之記錄上，不見懷聖寺及光塔之事。』（史學雜誌第二十七編第五號五六七）其實在南海百詠中曾傳之。且謂本於歷代沿革一書（同人之所傳？）故桑原言亦誤。（「宋代之市舶司及市舶條例」一七〇至一七一頁）

吾輩對此藤田君之注意，不得不表示多大之感謝。因吾輩從來僅知吳蘭修之『南漢記』等書中所引之『南海百詠，』迄未見完本。至今始得借覽此書之機會。是以吾輩特別附以：『據予所

知，在唐宋時代之記錄上未見』之條件，藉以避免妄斷，惟對唐宋時代一句，有訂正為唐北宋時代之必要。若是，則吾輩之主張，大體上無格別之變動矣。

中國書籍中爲後人追加攙入者不少。對於『南海百詠』吾輩雖未十分研覈，惟其內容——至少其註脚之內容——或有可疑之餘地。例如：以海山樓爲題之詩的註脚中：

宋時經略安撫於五月五日。閱水軍教習於其上。嘗新荔。

按「宋時」二字，明證此記事非方信孺自身之筆錄。何以故？蓋既言『宋時』二字，則視此記事，爲成於南宋滅亡以後者矣。據吳蘭修——藤田君所憑信者——言，方信孺之著『南海百詠』，在南宋開禧二年（一二〇六）以前。在此遂有難於兩立之矛盾。故此記事或爲元時——若言此書刻於元時大德年間（一二九七至一三〇七）者則或爲其時——攙入。若果然，則問題中番塔詩之註脚：

歷代沿革載。懷聖將軍所建。故今稱懷聖塔。

亦難絕對憑信其爲方信孺自身之筆錄也。因之，如藤田君之主張，『歷代沿革』一書，實難斷言其

在方信孺之前。況言此書爲回人所傳等，則更難想像矣。今稱之懷聖塔卽有，亦難判定其爲何時代之事。『南海百詠』縱然爲方信孺所作，而其題註與註脚，果能如從來學者所信而認爲同時代之著作歟？凡此種種，有待將來與藤田君共同研鑽以闡明之。

二 波斯灣之東洋貿易港

桑原隲藏

由唐而宋，中國南部與波斯之間，大開通商，波斯灣各港皆依東洋貿易而繁昌。就中最繁盛者，當推 Sîrâf 港。但 Sîrâf 港係由唐中世以後即西曆九世紀中葉，始繁昌，在此以前，乃以 Hîra，Vbolla，及 Basra 等港，爲東洋貿易船出入之所。茲分敘於左：

（甲） Hîra 港

波斯灣之東洋貿易港，最初載於中國記錄中者，當爲 Hîra 港。Hîra 在今日雖爲平曠荒蕪之地，但在古代則沿 Euphrates 之流，與波斯灣舟楫相通，迄至其附近，有中國印度之商船航行而來。十世紀半頃之 Macoudi 記之如次：

Euphrates 一流之大半，貫通昔日之 Hîra 市。其河道今猶顯現，有 Atik （古代之意）

之名稱。（中略）在此時代，Euphrates 由今所呼 Nedjef 之處所，注入阿比西尼亞海。（此爲繼續印度洋之波斯灣）海水進入至此，以 Hîra 王爲目標之中國及印度商船，來集於此。(1)

據 Reinaud 及 Yule 兩大家，斷定中國印度貿易船之來 Hîra 附近，爲西曆五世紀之前半時代。(2)

在『後漢書』西域傳之安息國一條中，有于羅國。此或卽班超使者甘英，往大秦國渡航之處。Hirth 指此于羅國卽爲 Hîra 港。(3)

由位置，距離，或名稱上論述之，Hîra 之此種擬定，似無甚不妥。不過 Hîra 市建設於西曆二百年之時，(4) 而甘英之派遣於此方乃爲東漢和帝之永元九年（西曆九七）。故推知當時 Hîra 市，猶未建設。東漢之聲威盛傳於西域者，乃班超西域都護之時代。『後漢書』安息國記事中關於斯賓國于羅國等記載，當亦爲此時代所傳流，卽基於甘英齎歸之報告或由永元十三年（西曆一〇一）來朝之安息王滿（蒲之誤）屈 Pakor II（西曆七八至一〇八頃在位）使者所得之

報告。然則爲不問何者，欲直認 Hîra 爲于羅國時，在年代上，不無若干差異矣。據 Chavannes 之法譯『後漢書』西域傳，大抵亦採 Hirth 氏之說，惟對擬定 Hîra 爲于羅國，未見遽表贊成。(5) 但 Chavannes 僅舉述若干疑點，未述理由，亦未見其提出何等新說。

吾輩不若擬定此于羅國爲波斯灣頭之 Vbolla。蓋 Vbolla 者，希臘人名之爲 Apologos。據 Schoff 之說，Vbollu 或 Vbolla 之名稱，自西曆紀元前八世紀時起，業已存在。(6) 希臘人之 Apologos，蓋爲 Vbolla 之轉訛。在西曆一世紀後半所成之『Erythrean 海指南』(Erythrean 者，爲紅海之意，惟包括由阿非利加之東岸至印度之一帶海面。)中，記載此 Apologos 港在波斯灣頭 Euphrates 河口，貿易船由此出航至印度方面。(7) 按『Erythrean 海指南』之著者與甘英之遠征，略爲同時，故以『後漢書』之于羅國當卽『Erythrean 海指南』之 Apologos (Vbolla) 歟? 如次項所證明者，在唐代對於 Vbolla 以烏剌二字當之。烏剌與于羅之發音非頗類似乎。在『後漢書』西域傳有如是：「自此（于羅）南乘海，乃通大秦」之記事，由 Hîra 而下，Euphrates 出南方之波斯灣，經紅海而通大秦國，此種解釋，固無不可，惟似以由波斯灣頭

Vbolla 渡航之解釋爲適當焉。而『後漢書』之西域傳之：

從斯賓（國）南行度河。又西南至于羅國。九百六十里。安息西界極矣。

斯賓國，普通俱以 Ktesiphon 當之。(8) 若斯賓國果爲 Ktesiphon 時，則 Vbolla 當在其東南而非西南也。又距離之九百六十里，即如 Hirth 以波斯之 Stadia 計算，(9) 或以普通漢里（每里約四百公尺）計算，由 Ktesiphon 至 Apologos 之距離，稍嫌不足。此確爲 Vbolla 說之弱點。更期待他日研究焉。

其次即爲『舊唐書』西戎傳，『新唐書』西域傳上所見之夏獵（臘）城，想即係 Hîra。『新唐書』西域傳大食國條：

有摩訶末者。勇而智。衆立爲王。闢地三千里。克夏臘城。

關於此夏獵城，已於四十五、六年前，Bretschneider 解作 Hîra 之音譯。(10) 然其後瀧澤市瀨二氏，都承認夏獵爲 Cairo 之音譯，(11) 復若三宅（米吉）博士則言夏臘適當 Herât 之音譯。(12)

元來，新舊兩『唐書』之記事，俱本唐賈耽之『四夷述』，因『四夷述』之原文，亦未明言夏獵城之方位，故對於夏獵城之方位，甚難確定，惟在以上所述之三說中，吾輩贊成 Bretschneider 之說。按 Cairo 爲 Mysral Kâhira（勝利市之義）之略。Fatima 家之 Muiz 因紀念埃及之征服而建設者，在回曆三百五十九年（西曆九七〇）以後始有此名稱。(13) 因此，欲以貞元十七年（西曆八〇一）頃所編纂『四夷述』中之夏獵城，擬定爲 Cairo，事實上不可能也。是以瀧澤市瀨二氏之說，由此點論，不得不排斥之。

擬定夏獵城爲 Herât 者，在音韻上並無不合，且與 Cairo 異，Herât 爲極古之都市，故以之當『四夷述』中之夏獵城，年代上亦無不合。但在大食國之四方侵伐記事中，不見特別記載 Herât 之理由，即取 Tabari 之『編年記』觀之，明記大食將 Ahnaf 逐出波斯王 Yezdegerd（『新唐書』之伊嗣俟）三世而入 Khorassan （『新唐書』之呼羅珊）地方，占領 Merv（『新唐書』之木鹿）Balkh（『大唐西域記』之縛喝）及 Herât 諸市，極易在此擴布伊斯蘭教。(14) Khorassan 地方，Merv 爲首府，Herât 實乏與之匹敵之資格。蓋『四夷述』

中之夏獵城，終以較今 Herât 稍重要之都市擬定之，方爲妥當。

Hîra 市由西曆二世紀之頃爲阿剌伯種族之殖民地，旋爲一王國，後隸波斯 Sassan 王家之保護下。大食與波斯之交涉，以此 Hîra 爲其發端。哈利發由 Abu bekr 時代至 Ômar 時代，再三複習 Hîra 之爭奪。Muir 斷定伊斯蘭教徒之所以征服 Hîra 者，不問就宗教之傳播上觀，或由領土之擴張上觀，皆爲一重大之事件。(15) 然則以夏獵擬定於 Hîra，豈非更妥。

(乙) Vbolla 與 Basra

Hîra 市外停泊中國印度之商船，係西曆五世紀時之事，故在唐宋時代之東洋貿易上，並無何等直接之關係。Tigris 河下流之 Vbolla，以 Euphrates 河壅塞之故，遂占波斯灣頭東洋貿易港之重要位置。Vbolla 原爲最古之港，迨至西曆一世紀頃，再被知爲東洋貿易港，其事實既述於上，及西曆六七世紀之間，更加繁昌。

阿剌伯人占領此地不久，即於回曆十七年(西曆六三八)爲避免 Vbolla 之卑濕，改建 Basra

市於內地。Basra 因偏居內地，水運不便，故由 Vbolla 起，開鑿運河。圖與 Tigris 連絡。其後此 Basra 乃爲東洋貿易港，在西曆八九世紀時尤爲繁昌。同時，當其門戶之 Vbolla，亦相當繼續其繁盛。當時波斯灣或稱 Vbolla 灣，又稱 Vbolla 海。(16)

按 Vbolla 與 Basra，雖在唐代與中國通商頗盛，但其名稱，似不甚傳於中國之記錄上。在『新唐書』卷四十三下地理志中，引用唐代賈耽『皇華四達記』，載有廣州通海夷道，其中記曰：

（上略）至師子國（中略）又西四日行。經沒來國，南天竺之最南境。又西北（中略）至提颶國。其國有彌蘭大河。一曰新頭河。（中略）自提颶國西二十日行。經小國二十餘。至提羅盧和國。一曰羅和異國。國人於海中立華表。夜則置炬其上。使舶人夜行不迷。又西一日行。至烏剌國。乃大食國之弗利剌河。南入於海。小舟泝流二日。至末羅國。大食重鎮也。又西北陸行千里。至茂門王所都縛達城。自婆羅門南境。從沒來國至烏剌國。皆緣海東岸行。

此記事若與阿剌伯地理學者之敍述對比，則頗能有所發見。『皇華四達記』之師子國，適當西曆九世紀半頃所出阿剌伯地理學者 Ibn Khordadbeh 著『道程及州郡志』Le Livre des

routes et des provinces 之 Serendîb，二者皆指今之錫崙島，已毋待證明矣。前者之沒來國，後者之 Malâ (Mely)，俱在今日南印度之 Malabar 地方。Bar 爲波斯語（？）卽臨海國之意義，(17) Malabar 者，畢竟沒來國也。蓋當時沒來國在 Malabar 地方之 Quilon （『嶺外代答』之故臨國）附近。沒來與 Malâ，不僅名稱相類似，且俱在距離錫崙島四日路程之處，故謂兩者相同，殆無疑義。

彌蘭河乃阿剌伯人所謂 Nahr Mîhrân 河之譯音，阿剌伯人普通稱印度河爲 Nahr mîhrân 河。(18) 新頭河者，卽梵語 Sindhu 之音譯，或卽波斯人所謂 Sindal(Sind 河之義。）提颶爲阿剌伯人之 Daybul(Daibol)譯音。亦猶『大唐西域記』之謝颶，音爲 zabul，故提颶爲 Daybul 之音也。(19) 據 Ibn Khordâdbeh 言，Daybul 西去印度河二 farasange，（約七哩）在此方面爲最有名之港。(20)

從來學者對提羅盧和國下有適當之說明者尠。吾輩試與西曆十世紀之半頃 Maçoudi 氏著『黃金之牧場』第一卷二百二十九頁乃至二百三十頁所記：

（前略）依同樣之理由申敘 Basra 及 Oballah (Vbolla) 方面之波斯灣極限處，或距 Obollah 不甚遠之一海灘，有著名之 Djerrarah 地方。在此海灘附近與 Basra 之河水，大抵皆帶鹹味。在水路入口，與向 Obollah 或向 Abbadan 相近之處，建立三個高木架，夜間點烽火於其上，從 Djerrarah 之海灘，可以望見。此三大木架如 Siéges 然，突立於海中。因爲有此，凡從 Oman, Siraf 及其他地方前來之船，在此危險較多容易壞船之 Djerrarah 及其附近之處，可以避免迷途，而與以保護。

對照之，則『皇華四達記』之提羅盧和卽 Djerrarah 之音譯，而 Abbadan 河口之高木架及夜間烽火，與『皇華四達記』之海中華表及夜間炬火對比之，其相同，已無疑義。

Abbadan 附近之夜警炬火，頗有名聲，曾記錄於種種之書册中。西曆十一世紀半頃之 Nâsir I Khusraw 言曰：(21)

在 Abbadan 附近退潮時，見有長亙數哩之海灘。往來船人爲警戒計，用此處栗樹（Teak-wood）大材，建築棧架。棧架之底廣闊而頂較狹。高四十碼。棧架之上有小屋。小屋側之露臺

用石疊成，夜間卽在其上點烽火。

Phillips 於千八百九十五年在『關於馬歡之 Bengala 王國記錄』論文中，根據此夜警之炬火記事，擬定唐代之提羅盧和國在 Tigris 河口。(22) 彼對於提羅盧和之名稱固未加何等解釋，僅示其大體之位置。其後千九百十二年公刊 Hirth, Rockhill 共譯之『諸蕃志』擬定此提羅盧和國在 Arabia, Oman 地方之 Mesandum 海岸，(23) 亦係妄斷。（一）地名不類似。（二）於 Mesandum 海岸，不見夜間有點炬火之事實。（三）尤其是『唐書』明記從沒來國至烏剌國，皆緣海東岸行。然則以波斯灣而成之印度海西岸之 Oman 地方，擬定在東岸之提羅盧和國，當無此資格。尤其是 Hirth 等氏，誤讀緣海東岸爲緣海東岸，故有此妄斷也。

烏剌國卽 Vbolla。兩者在名稱之類似上，根據西曆十四世紀之 Ibn Batûta，自 Oballa 迄 Abbadan 爲一日（一夜）行程，(24) 依『新唐書』烏剌國與夜警炬火所在地之距離，亦相一致。又據『新唐書』自提颶國至烏剌國之距離爲廿一日之行程，而 Ibn Khordâbeh 謂由 Daybul（卽提颶）至 Obollah 總計距離十五日百七十六 farasange。(25) 按一 farasange

之實際距離，雖不一定，但原係指一時間之行程而言，故以一日換算爲二十四 farasange 時，則百七十六 farasange，約當七日強之行程。(26) 換言之，卽自 Daybul 至 Vbolla 之距離，約需二十二日強，以此與由提颶至烏剌之二十一日行程比較，殆屬一致。要之，烏剌之爲 Vbolla，毫無疑義。

至弗利剌河，自爲 Euphrates，卽 Furât 之音譯，指今之 Shatt ul Arab（卽 Euphrates 與 Tigris 之合流）而言。弗利剌之利或剌，當認其一爲衍字。似與『宋史』外國傳中三佛齊國之使者蒲訶栗 Abu Ali 一名，誤記爲蒲訶栗立之情形相同。或爲阿剌特之誤脫，亦未可知。按今之 Shatt ul Arab，在唐代時，普通稱爲 Fayd al Basra 卽 Basra 灣之意。又稱 Dijla al Awrâ；其意味爲盲目的 Tigris，此指被淤泥壅塞之 Tigris 下流。(27) 因此，似弗利剌河一名不很妥。但自南北朝末至唐初，Tigris, Euphrates 二河之水道大有變化，其以前與波斯灣之連絡，以 Euphrates 河較佔主要之位置。(28) 弗利剌河之稱，或爲古名之留遺者也。

末羅，由其發音推測，或由其位置想像，則如三宅博士所擬定，以 Basra 當之。(29) Basra 與 Kûfah 皆爲唐時 Irak 地方之首都，就中以 Basra 爲 Abbâs 王朝之大首都，Baghdad 之

門戶，尤爲繁昌，故所謂大食國之重鎮者，當無錯誤。據 Hirth 之『諸蕃志』中以弼斯囉爲 Basra (30)，由 Vbolla 至 Basra 須經 Vbolla 運河，其中間之距離，約有十二、三哩，故『新唐書』言自烏剌至末羅爲二日行程，似失之稍長，然係乘坐小舟，且由潮之滿干激烈事情推想之，自需距離以上之時日也。

對此一節，Hirth 與 Rockhill 共譯之『諸蕃志』中，亦有解釋，(31) 惜俱錯誤。彼等以烏剌國擬定爲 Oman 地方之 Sohar，而以其對岸（卽波斯灣之東岸）Kirman 地方之 Harmuz 爲末羅國，誤謬顯然，無反駁之價值。

三宅博士以『新唐書』之茂門王，認爲 Abbâs 王朝第七哈利發 Mamun 之音譯，(32) 然此判斷，確係錯誤。按『新唐書』之記事，基於『皇華四達記』，而『皇華四達記』者，乃唐德宗貞元年間（西曆七八五至八〇四年）之賈耽所作，是以對西曆八百十三年至八百三十三年在位之 Mamun，未曾記載。按茂門據 Hirth 等之說明，爲阿剌伯語 Momenin（信徒之義）之音譯。(33) 所謂 Momenin 王者，乃 Amîr al Momenin 之略稱，而 Amîr al Momenîn

者，卽信徒首領之意義，自哈利發 ômar 以來，歷代哈利發之稱號俱襲用之。(34)例如『舊唐書』之噉密莫末膩，『新唐書』之豃蜜莫末膩，『册府元龜』之黑（異之誤）密牟尼等俱爲 Amir al Momenîn 之音譯也。較賈耽之『皇華四達記』早三四十年所作之杜環『經行記』中，(35)有：

大食王號暮門

暮門，亦卽茂門也。Hirth 等以爲『新唐書』之茂門，爲阿剌伯語 Momenîn 之最古譯音，此種主張，殊難憑信。Momenîn 又作慕門（『太平寰宇記』）慕門（『太平御覽』）牟尼（『册府元龜』）等，具見於中國各記錄中。

茂門王卽哈利發，其都縛達城，爲 Abbâs 王朝大首都 Baghdâd，自不待言。而 Hirth 等以此縛達城擬定爲埃及之 Fostat（今之 Cairo，因此地原爲阿剌伯軍營所在地，故云 Fostat。Fostat 者，卽陣營之意。）而對於認爲 Baghdâd 表示懷疑，(36)實則此爲無意義之懷疑。在南宋周去非之『嶺外代答』卷三中：

有白達國。係大食諸國之京師也。其國王則佛麻霞勿之子孫也。

此白達國卽爲『新唐書』之縛達城，而白達，縛達，俱爲 Baghdad 之譯音。

Hirth 等亦認白達爲 Baghdad，乃於縛達則不然者，蓋不信縛字可表 Ba, Bay 之音耳；惟此實大誤，按縛字可表 Ba 或 Bag 之音，乃當然之事。(37)

『新唐書』依據賈耽記述縛達城與末羅國之距離爲陸行千里，而一里之標準則不明，Baghdad 與 Basra 之交通多由水路，因阿剌伯地理學者未曾委細記此方面之行程，故欲評判『新唐書』——記事之當否，實非易事。僅就地圖觀察 Baghdâd 距離 Basra 西北二百五六十英里。如吾輩前所證明者(38)中國唐代之一里，約當一英里四分之一時，則二百五六十英里換算唐代之里數，恰合千里之數。但此爲 Baghdâd 與 Basra 之空間距離，若由實際之陸行上推測此方面之地形，則非大大迂迴不可。因此，兩者之距離，猶宜增加。阿剌伯地理學者，謂此兩地之距離，大體爲百 Farasange，需十六日之行程。(39) 以此距離，換算唐里時，至少有千四百餘里。關於賈耽西域之陸上里程，已如吾輩所注意者，(40) 較之其他記錄，有過少之嫌，故此縛達末羅間之距離，亦可視作其中一例也。

（丙） Sîrâf 港

Sîrâf 港，居 Basra 與 Vbolla 東南之 Fars 地方海岸處。Sîrâf 佔據東洋貿易港之重要位置，爲西曆九世紀中葉之事，故賈耽『皇華四達記』中並未有 Sîrâf 港之記事。

由 Reinaud 譯出伊斯蘭教徒之『印度中國航海故事』Relation des Voyages 前編，刊於西曆九世紀中葉，即距『皇華四達記』約後五十年，其中記述當時中國之商船，常多停泊 Sîrâf 港中，由該處裝出西方之產物。(41) 實際上，以 Shatt ul Arab（即 Tigris）河口及其附近之海面，一帶多爲淺瀨，且風浪甚大，殊難航行。至於容積甚大之中國商船，當更感困難。因之，中國商船，以東洋產物，例如蘆薈龍涎香竹材，檀木樟腦，象牙胡椒等先載至 Sîrâf 港，然後更由 Sîrâf 港用小舟改裝，輸運此等產物於 Basra, Baghdâd 方面。至波斯地方之物產情形，亦同集積 Sîrâf 後，再行運向東方。如是，則 Sîrâf 遂成波斯灣頭最重要之貿易港矣。

依據西曆十世紀中葉 Istakhrî 或 Ibn haukal 之記錄，謂當時之 Sîrâf 居民，恃海外貿

易之關係，儲有可驚之資產。Sîrâf 居民之富有盛傳於伊斯蘭教之國中。就中一人持有六千萬 direm（約合二千萬圓）之資產者，數見不鮮。彼等復用由海外運來之良材，擇一展望出入商船舒適之處，構築幾層之高樓。有某富豪僅於住宅費去三萬 dînâr（約合十五萬圓）云。(42)

Sîrâf 港之繁昌最盛期，爲西曆九世紀中葉至十二世紀中葉之約三百年間。在此三百年中，Sîrâf 之商船盛向中國沿海各地通航，惟此 Sîrâf 一名，不甚見於中國記錄中。或有以『諸蕃志』上之思蓮國，認爲 Sîrâf 之音譯者，(43) 殊難憑信。

南宋岳珂『桯史』卷十一，記載當時通商於福建泉州之蕃客（外國商人），有名尸羅圍者，按此尸羅圍爲 Shîlavi 之音譯，卽 Sîrâf 產之商人也。伊斯蘭教國常有以產地之名，通稱其人之習慣。例如 Bukhara（『新唐書』之布豁）之人爲 Bukhari，Mosul（『元史』之毛夕里）之人爲 Mosuli，Samarkand（『新唐書』之颯秣建）之人爲 Samarkandi 等是也。Sîrâf 之名，因其土地之發音爲 Shîlov，(44) 故 Sîrâf 之人，照例呼作 Shîlavi 矣。尸羅圍之發音，爲最正確之 Shîlavi 音也。

又南宋趙汝适『諸蕃志』卷上大食國條中有：

有番商曰施那幃，大食人也。

施那幃一名亦爲 Shîlavi 之音譯，知此蕃商亦 Sîrâf 產也。

在中國，NA（那）與 LA（羅）之發音頗易混同。例如：『隋書』之烏那曷國（中央亞細亞之小國）在『新唐書』爲烏拉喝國；『諸蕃志』之藍無里 Lambri（Sumatra 之西海岸）在『瀛涯勝覽』爲南浡利；『元史』之木剌夷 Mulahida（據波斯之北部，爲伊斯蘭教徒之一派）在『西使記』爲木乃奚；又『諸蕃志』中對於 Si-lan（錫崙）而以西難二字當之；『元史』中對於 Sinhala（錫崙）則以僧伽那三字當之；凡此種種實例，不遑枚舉。是以承認施那幃與尸羅圍同爲 Shîlavi 之音譯，無甚不妥。

南宋高宗紹興元年（西曆一一三一）建伊斯蘭教寺院（清淨寺）於福建泉州之蕃客，亦爲 Sîrâf 產之商人也。在宋末元初之吳鑒「清淨寺記」云：

宋紹興元年有納只卜穆玆喜魯丁者。自撒那威從商舶來泉。剏玆寺於泉州之南城。

撒郵威確為 Shilav 之音譯，係指 Sîrâf 者。

（丁） Sîrâf 船

既言 Sîrâf 港同時，自必聯念及 Sîrâf 船。蓋 Sîrâf 船具有一種特異之構造。在 Reinaud 所譯之『印度中國航海故事』後編中記云：(45)

在 Sîrâf 船，以厚板而不加釘，僅用索縫合之。至敍里亞(Syria)與羅姆 (Roum) 國之船隻，則用釘而不用索。

因此為 Sîrâf 船之構造特徵，故在地中海發見不用釘之遭難船時，當時人們，以此事實，足證波斯灣與地中海實相通連云。

『印度中國航海故事』之後編作者 Sîrâf 產之 Abou zeyd，與之同時代且相識之 Maçoudi 於其『黃金之牧場』中，亦言地中海之船隻皆用釘，而 Abyssinia 海之船隻，因鐵易為海水腐蝕，故不用釘，改用由椰子樹製成之索縫縛厚板，於其縫隙，塗以脂油或 tal。(46) 此所

謂 Abyssinia 海，包括波斯灣。

由 Sîrâf 附近至阿非利加東海岸之一帶海面，即 Maccoudi 所謂之 Abyssinia 海，其使用無釘之船隻為時已久。在西曆一世紀末葉完成之『Erythrean 海指南』中，亦記述此事。據『Erythrean 海指南』指波斯灣船用板縫合者，稱曰 Madarata。Madarata 者，阿剌伯語 Muddarraat 之訛，即結縛椰子纖維之意。(47)

洎乎西曆十三世紀之後半，Sîrâf 已趨衰微，Hormuz 代之而興，惟當時旅行此地之 Marco Polo，傳述如下之記事：(48)

Hormuz 之船隻極貧弱，且易損壞。船身無釘，僅用椰子樹外皮製成之索，結縛之。以椰子樹（之外皮）打擊如馬毛，然後斜搓成繩索，此繩索即用以結縛船板。此索對於海水雖不致腐蝕，但對風波之抵抗力則不足。船（之縫隙）以瀝青或魚油塗抹之。（中略）此地缺乏造釘原料，（鐵）故造船時，代以木釘，如上所述，用索結縛船板。此種船隻，用以航海，危險殊多。因印度海上屢起可驚之暴風，故此種船隻，常易遭難。

Marco Polo 稍後，在十四世紀之初半時，遊覽此地之 Odoric 亦言：(49)

在此地方(Hormuz)，僅用一種繩索結縛之特別船隻，名曰 Jase。予曾乘坐此船，船中不見一片之鐵。

由阿非利加東岸，至印度之西岸，所見無非此種構造之船，以 Sîrâf 及 Hormuz 爲中心之波斯灣，仍爲造此種船之本場。

中國方面，唐劉恂『嶺表錄異』卷上，記載：

賈人船不用鐵釘，只使桄榔鬚繫縛，以橄欖糖泥之。糖乾甚堅，入水如漆也。

桄榔。想爲椶櫚之一種。『嶺表錄異』卷中，對於桄榔鬚曾有委細的解說：

桄榔樹枝葉並蕃茂，與棗檳榔等小異。然葉下有鬚，如麤馬尾。（中略）其鬚尤宜鹹水浸漬。即麤脹而韌。故（南？）人以此縛舶，不用釘線。

橄欖糖，『嶺表錄異』卷中，亦加說明曰：

橄欖（中略）樹枝節上生脂膏，如桃膠。南人採之，和其皮葉煎之，調如黑餳，謂之橄欖糖。用

泥船損乾後堅於膠漆。著水蓋乾耳。

此種船之構造，不用鐵釘，以近於椰子之桄榔樹製成之繩索，緊縛船板，在其縫隙中塗泥橄欖糖，豈非與 Sîrâf 船之構造，若合符節乎？劉恂在唐末昭宗時，爲廣州司馬，本其見聞，著『嶺表錄異』一書。(50) 由唐末時代推之，或由廣州地域推之，自然不禁曰：『嶺表錄異』之賈人船，豈非阿剌伯（尤其是 Sîrâf）之商船歟？

更據 Maçoudi 等所傳，阿剌伯之商船與中國之商船，其容積大小，及堅固程度，殊有不同，後者優於前者。(51) 由此一點想像之，則『嶺表錄異』所謂賈人船，非中國船隻，蓋指 Sîrâf 之商舶而言也。

然而吾輩其初亦以此賈人船，解爲 Sîrâf 之商舶。迨經熟慮後，覺此解釋，非變更不可。蓋在劉恂時代，阿剌伯商人，俱離中國，Sîrâf 商船，殆無一艘停泊於廣州者，是以劉恂記載之賈人船，實難認爲 Sîrâf 之商舶也。

Abbâs 王家自奠都 Baghdâd 以來，阿剌伯人之海運，更爲發達，彼等逐漸東進其航路，遂將

波斯灣至中國海間之航運完全收歸其掌握。在西曆九世紀之中葉，廣東之外國貿易，尤爲繁盛。約有幾萬之阿剌伯商人，不絕來往於廣東。因係 Sîrâf 港之繁盛時期，故在阿剌伯商人中，自以 Sîrâf 商人，佔其多數。其後在昭宗一代前之僖宗時代，黃巢之亂起，因賊軍先行掠奪廣東以及江南一帶，故阿剌伯商人多數返回本國，將東西貿易之中心，移往馬來半島方面矣。

根據 Abou zeyd 所載黃巢（在『中國印度航海故事』中有 Bau Schoua 一名，當爲黃巢之誤。）賊衆，於回曆二百六十四年（僖宗之乾符四至五年）陷落廣州，當時逗留廣州之回教徒，猶太人，耶穌教徒，祆教徒共計十二萬人，俱被殺戮。此賊軍復濫伐養蠶必需之桑樹。因此，當時輸出外國大宗絹製品受惡影響。尤因在此內亂之後，中國形成羣雄割據之勢。各地獨立之小君主，忽視從來之舊例，對於外國之貿易船，課以不法之重稅。阿剌伯商人一方以生命不安全，一方復以買絹之目的發生困難，且恐中國官吏之誅求日盛一日，於是離開中國居留地，卒致彼等商舶之影全不見於中國海上。(52)

同時代之 Maçoudi，記當時曾到中國一商人之語，其辭如左：(53)

Killah 市（由 Saracen 國起）在至中國半途之稍前方。此市在今日，爲從 Sîrâf 及 Oman 地方前來之阿剌伯商船之集合點，在此與由中國出帆之商船會合。但在以前則不然，中國商船航至其前方 Oman 地方或 Sîrâf 迄至 Vbolla, Basra 等處，而此等各地之商舶，亦直接通航至中國（之諸港。）因難望〔中國〕官吏之公平與正直，且自中國內地之狀況，如上記述〔巢亂〕以來，兩地商舶乃會合於中間地(之 Killah)矣。故〔欲往中國之〕商人在 Killah 等候，乘坐中國船而向廣府。

按此 Killah 爲 Abou zeyd 之 Kalâh bâr，卽賈耽所言之箇羅國也。至其所在，學者所見極不一致，惟可斷言確在 Malaca 海峽之附近焉。(54)然則自黃巢亂後，卽西曆八百八十年起至 Maçcoudi 之著書時代，卽西曆九百五十年止之約七十年間，阿剌伯商舶不行直接前往廣州者乃爲不爭之事實。然劉恂之在廣州任內，爲昭宗時代，約當西曆八百九十年至九百年頃，或猶稍後，故想像劉氏目擊特異 Sîrâf 商舶之機會甚稀也。

南宋時代，卽西曆十二世紀之後半，桂林（廣西省）通判周去非本其見聞，作『嶺外代答』

一書，其第六卷中，有如下之記事：

深廣（當時廣南西路，卽今之廣西與廣東之一部。）沿海州軍。難得鐵釘桐油。造舟皆空板穿藤約束而成。於藤縫中以海上所生茜乾草而窒之。遇水則漲。舟爲之不漏矣。其舟甚大。越大海商販皆用之。而或謂要通磁石山而然。未之詳爾。

所謂磁石山之事，恰與 Hormuz 附近磁石岩之傳說，偶相一致。深感興味。(55) 總之，苟以周去非之所謂藤舟，與劉恂之賈人船對比時，頗多發見之處。雖兩者使用之材料不同，而其構造則略一致。可視作中國南部最早實行之一種造船術也。劉恂『嶺表錄異』中言：（南）『人以此縛船，不用釘線，南人採之用泥船損』之南人，自係指中國南部人而言，故所謂賈人船者，並非外國製造之商船，實中國南部製造之商船，如是解釋，似無不妥。關於廣南人造船不用鐵釘，果起於模仿 Sîrâf 之商船歟？抑獨立發明歟？吾輩深覺遺憾，難下何等確切之斷語也。

* * * * * * * *

Sîrâf 港衰微後，Kish（『元史』之怯失）代之而興，迨 Kish 沒落，由西曆十三世紀初，

Hormuz（『元史』之忽里模子）成爲波斯灣第一之東洋貿易港，迄至十六世紀，極爲繁昌。關於 Kish 與 Hormuz 之事跡，已在 Bretschneider 或洪鈞所著之書中略言之，(56) 吾輩以限於紙幅，只得略而不言矣。

此文所論，深感不充分，惟關於（一）『後漢書』之于羅國；（二）『新唐書』之夏臘城；（三）由『新唐書』之印度河口至 Baghdâd 之途徑；（四）『新唐書』之提羅盧和國；（五）見於中國記錄上之尸羅圍，施那幃，撒郍威等地名；（六）中國南部之無釘船等，俱提供新的解釋，或對從來之研究，進涉幾分也。

〔參　考〕

（1）Maçoudi; Les prairies d'Or「黃金之牧場」第一卷二一五至二一六頁。
（2）Reinaud; Relation des Voyages etc「印度中國航海故事」第一卷序論三五至三六頁。
Yule; Cathay and the way thither「東達中國記」第一卷序論七七頁。
（3）Hirth; China and the Roman Orient「大秦國全錄」一五一頁。
（4）Muir; The Life of Mahomet「摩訶末傳」第一卷一六六頁。

(5) Chavannes; Les pays d'Occident d'après le Heou Han Chou「後漢書西域傳」(T'oung Pao「通報」一九〇七年一七九頁。)

(6) Schoff; The Periplus of the Erythrean Sea「Erythrean海指南」一四九頁。

(7) 同上三六頁。

Vincent; The Commerce and Navigation of the Ancients in the Indian Ocean. 第二卷三五四至三五五頁。

(8) Hirth「大秦國全錄」一五五頁。

Chavannes「後漢書西域傳」一七九頁。

(9) Hirth「大秦國全錄」二三四頁。

(10) Bretschneider; On the Knowledge possessed by the Ancient Chinese of the Arabs「關於古代中國人之阿剌伯人之智識」九頁。

(11)「大食國考」(明治二十五年五月之「史學會雜誌」)六一頁。

(12)「讀大食國考」(明治二十五年十月之「史學會雜誌」)七七頁。

(13) The Encyclopædia of Islam 第一卷八一五頁。

(14) Zotenberg 譯Chronique de Tabari 第三卷五〇六頁。

(15) Muir; Annals of the Early Caliphate 八一頁。

(16) D'herbelot; Bibliotheque Orientale「東洋文庫」六七三頁。

(17) Reinaud; Relation des Voyages etc 「印度中國航海故事」第一卷一七頁。
Yule and Burnell; Hobson Jobson 五三九至五四一頁。

(18) Le Strange; The lands of the Eastern Caliphate「Abbas 王家之領土」三三一頁。

(19) Pelliot;「譯英譯諸蕃志」(一九一二年之「通報」)四五六頁。

(20) Yule and Burnell; Hobson Jobson 三二〇頁。

(21) Le Strang; 「Abbas 王家之領土」四九頁。

(22) Phillips; Mahuan's Account of the Kingdom of Bengala (J. R. A. S. 1895) 五二五頁。

(23) Hirth and Rockhill; Chao Ju-Kua 一三頁。

(24) Lee 譯 The Travels of Ibn Batûta 三六頁。

(25) Ibn Khordâdbeh「道程及州郡志」(J. A. 1865) 二八三頁。
Sprenger; Die post-und Reiserouten des Orients「東洋驛程錄」七九至八〇頁。

(26) Bundury; History of Ancient Geography「古代地理之歷史」第一卷三五九至三六一頁。

(27) Le Strange; Description of Mesopotamia and Baghdad, Written by Ibn Serapion (J. R.

A. S., 1896) 三〇〇頁。

(28) Hirth「大秦國全錄」一四八至一四九頁。

Le Strange; Description of Mesopotamia and Baghdad 二九七至二九八頁。

(29)「讀大食國考」明治三十五年十月之「史學會雜誌」七八頁。

(30) Hirth; Die länder des Islam nach Chinesischen Quellen「由中國史料觀察伊斯蘭教國」(一八九四年之「通報」附錄)四三頁。

(31) Hirth and Rockhill, Chao Ju-Kua 一四頁。

(32)「讀大食國考」七八頁。

(33) Hirth and Rockhill; Chao Ju-Kua 一四頁。

(34) Bretschneider;「古代中國人對於阿剌伯人之智識」八頁。

(35) 唐杜佑「通典」卷一百九十三所引。

(36) Hirth and Rockhill; Chao Ju-Kua 一四頁。

(37) Julien; Méthode de Trnscription des noms Sanscrits「漢字中音譯梵語之法則」一〇四頁。

(38) 拙著「張騫之遠征」(大正五年二月發行之「續史的研究」)一二三至一二五頁。

(39) Sprenger「東洋驛程錄」六四頁。

(40)「張騫之遠征」一一一頁。

(41)「印度中國航海故事」一三至一四頁。

(42) Le Strange「Abbas 王家之領土」二五八頁。

Ouseley 譯 The Oriental Geography of Ebn Haukal 一三三頁。

(43) Hirth and Rockhill 共譯「諸蕃志」一二二頁。

(44) Le Strange「Abbas 王家之領土」二五九頁。

(45)「印度中國航海故事」第一卷後編九一頁。

(46)「黃金之牧場」第一卷三六五頁。

(47) Schoff「Erythrean 海指南」三六頁，一五四頁。

(48) Yule; Marco Polo 第一卷一一二頁。

(49) The Travels of friar Odoric (Yule; Cathay and the way thither 第一卷) 五七頁。

(50)「四庫全書總目」卷七十。

(51)「印度中國航海故事」第一卷序論六五頁，七八頁。

Reinaud; Mémoire Geographique, et Scientifique sur l'Inde 二〇〇頁。

(52)「印度中國航海故事」第一卷六二至六五頁，六七至六八頁。

（53）「黃金之牧場」第一卷三〇八頁。

（54）Yule; The Oldest Records of the sea route to China (Proceedings of R. G. S., 1822) 六五六頁。

Pelliot「讀英譯諸蕃志」四五三頁。

（55）Schoff;「Erythrean 海指南」一五五頁。

（56）Bretschneider; Mediaeval Researches「中世研究」第二卷一二九至一三四頁。

洪鈞「元史譯文證補」卷二十六下。

三　廣府問題及其陷落年代

桑原隲藏

唐代中世以後，大食人（卽回教徒）盛向中國南部諸港通商。就中 Khanfou 一港，尤爲繁盛。唐末之謀反人 Banschoua ——卽大賊黃巢（Huang Chao）一名之誤——攻略中國諸市，殺至 Khanfou 時，城民頑抗，圍攻頗久，終於陷落。其時逗留城中以通商爲目的之回教徒，猶太人耶穌教徒及祆教徒（Mages），合計十二萬人之外籍民，均被殺害。因此誇稱繁昌之 Khanfou 外國貿易，爾後遂亦衰退。此事在西曆十四紀初半之 Abou zeyd 傳言之。（1）

然則此 Khanfou 港應擬定在中國之何處？古來例有異說，卽在今日東洋史上，仍不失爲一問題焉。去今約二百年前，最初觸及此問題之 Renaudot，以廣州當之，（2）惟其後約經百年至 Klaproth，則反此說，指爲杭州。（3）此二說在西洋以杭州一說爲有勢，如 Reinaud, Yule, Richthofen 等歷歷諸大家，皆贊同 Klaproth 之說。現時 Hirth, Pelliot 等雖左袒廣州說，

然如 Cordier 氏則仍固守 Khanfou 杭州說，終不屈服。(4)

* * * * * * * *

按以 Khanfou 爲杭州說之根據，約有左列三點：

(一)據元朝之 Marco Pole，言近於杭州(Quinsai)之 Gampou 港，海外商舶輻輳。查此 Gampou 乃錢塘江口澉浦 Kan-phou 之音譯也。此時K之發音，殆與G同，是以 Kan-phou 之名稱頗與澉浦之音相接近。大食人無P字音，常以F字代之，故 Kan-phou 卽訛轉爲 Khanfou 矣。因此唐代之 Khanfou 畢竟在澉浦，更不得不以澉浦爲附屬港之杭州焉。(5)

(二)在西曆十四世紀初之 Aboul fedâ 地理書上，明記 Khansâ 一名爲 Khanqou。Khanqou 自爲 Khanfou 之誤。Khansâ 者，通南宋蒙古時代給與杭州之名稱也。若根據 Aboul fedâ 所載，自必非承認 Khanfou 爲杭州不可。(6)

(三)依據中國歷史，黃巢賊衆陷落杭州時爲僖宗之乾符五年，（回曆二六四——西曆八七八）而陷落廣州乃爲乾符六年。（回曆二六五——西曆八七九）然一方 Abou zeyd 明言

Khanfou 之陷落爲回曆二百六十四年，是以 Khanfou 之爲杭州無疑。Klaproth 云：

Abou zeyd 以黃巢圍攻 Khanfou 爲回曆二百六十四年。其年（換算爲西曆）起於八百七十七年九月十二日，終於八百七十八年九月一日。依據中國記錄，杭州陷落，因而（近於杭州）澉浦 (Kan-phou) 陷落，正當八百七十八年也。(7)

* * * * * * * *

在上述 Khanfou 杭州說之三根據中，第一第二點所論較薄弱，殆無加以反駁之價值。

（一）Marco Polo 以 Gampou 或 Ganpu 爲澉浦（浙江）而 Abou zeyd 以 Khanfou 爲廣府（廣東）——按廣州乃都督府所在地，且亦爲帥（節度使）府所在地，故唐代呼爲廣府——二者具有劃然的區別。廣府（廣州）在唐代固不待論，卽在彼以前，已開築爲海外之貿易港矣。至於澉浦（杭州）雖開港於宋代，(8) 但謂唐代卽有外國商船出入，實爲一大疑問。

（二）Aboul fedâ 之地理書上，所蒐集之各種材料，極不負責，在其記事中，發現矛盾處不尠。現關本問題之 Khanqoû 卽 Khanfou 所在，依彼記事，亦有明顯之矛盾在。彼當介紹中國

諸市時，同時開列南北兩個 Khanqoû 卽第一號中所擧之 Khanqoû 都市爲經度百六十度，緯度十四度（卽正式之 Khanfou），而第五號中復擧出經度百六十四度四十分，緯度二十三度半之 Khansâ 一名 Khanqoû(9)。然則根據此種曖昧之記事，欲以 Abou zeyd 之 Khanfou 斷定爲杭州，實所不能。

（三）唯第三項理由之 Khanfou 爲杭州說，似有堅城鐵壁之根據，彼從來主張以 Khanfou 爲廣州說之歐美學者——千九百四年『法國東洋學院報告』B. E. F. E. O. 上所發表 Pelliot 氏之論述，猶未得直接寓目之機會——對此似均未能提出何種有效的反駁。日本之東洋學者，除故那珂博士——博士始終固執 Khanfou 爲澉浦之說（10）——以外，大都對於 Khanfou 爲廣州一說，表示贊同。然亦與歐美學者相同，未曾對於 Klaproth 所主張 Khanfou 陷落之年代，加以正面駁擊。

據吾輩所知，在東西學者中，若干觸及此 Khanfou 陷落之年代問題者，有坪井博士與石橋（五郎）二人。石橋君自亦爲主張 Khanfou 爲廣州說者，唯認定 Abou zeyd 所傳之年代有

誤，其說明如左：

〔Abou zeyd 所傳〕以 Banschaua （黃巢）陷落 Khanfou 爲回曆二百六十四年。然此年由西曆八百七十七年起至八百七十八年，卽從唐之乾符四年八月亙及同五年七月。〔三正綜覽〕但據唐書僖宗本紀黃巢傳以黃巢陷落廣州時在乾符六年五月。此與〔Abou zeyd 所傳〕不合。若就乾符五年爲黃巢寇杭州之一點觀，則 Khanfou 自爲杭州。（然據吾人所見，）此等記事乃著者（Abou zeyd）聞於商人 Ebn Wahab 者，故關於黃巢作亂的年分上相差一年，若非 Ebn Wahab 氏記憶之誤，卽爲〔Abou zeyd〕傳聞之誤。(11)

坪井博士所說，亦與石橋君略同，因黃巢圍攻廣州爲乾符六年三月以後，卽回曆二百六十五年之第八月以後也。然則 Arabia 人之見聞錄記爲二百六十四年，當係傳聞之誤。(12)

如此解釋，當亦爲一種看法，但翻過一想，因黃巢賊衆之橫行致 Khanfou 陷落而虐殺多人，與當時外國貿易以痛切的惡影響。又以賊衆濫伐桑樹，致令東南地方之蠶業衰微——此事載於『舊唐書』僖宗本紀廣明元年（西曆八八〇）正月元旦制曰：東南州府遭賊之處，農桑失業，耕

種不時。就中廣州，荆南，湖南，盜賊留駐，人戶逃亡。傷夷最甚。——馴致當時貿易大宗之絹布，不能買賣。加之因國內秩序紊亂，難冀生命財產之安全，所以 Khanfou 住在之多數外國商人，一舉而離中國。在爾後十餘年間，外國商船全無停泊 Khanfou 者云。(13) 總之，此在東西之互市上，實爲空前之重大事件，故難確信當時在東洋通商之回教徒能將年分錯誤也。且與 Abou zeyd 同時代之 Maçoudi 之記錄上，亦明載此事件爲回曆二百六十四年。(14) 雖 Maçoudi 與 Abou zeyd 因相識之故，或使彼記事之所傳者係同一材料，其實則不然。因 Maçoudi 曾親遊中國，(15) 假若此回曆二百六十四年之年分果誤，則彼恃有種種便利，竟可訂正之。而彼不及此，且記載年分亦與 Abou zeyd 相同，則對此年分，不得不置以相當的信用。如僅恃想像而卽斷定其年有誤者，似覺神經過敏。

要之，Khanfou 杭州說之第三根據，迄至今日，猶未見有效之反駁。主張 Khanfou 爲廣州之學者，對 Klaproth 之此種議論，如從正面反對，皆費躊躇也。固不問 Klaproth 議論之是非如何，而不得不成爲獨立的 Khanfou 廣州說焉。若以唐代之中國記錄與同時回教徒之記錄對照

比較時殆必然的承認 Khanfou 廣州一說矣。然而含胡通過 Klaproth 之議論，不加反駁，終覺 Khanfou 廣州說有九仞之功而虧一簣之遺憾焉。

按 Khanfou 廣州說之所以在如此狀態中者，其原因畢竟以中國記錄之紀年——詳言之，卽乾符五年之杭州陷落，乾符六年之廣州陷落。——絕對不足憑信之故。誠然，一部分之中國記錄，例如就此種最普通被引用之『新唐書』僖宗本紀觀之：

乾符五年八月。黃巢陷杭州。

乾符六年五月。黃巢陷廣州。執嶺南東道節度使李迢。

此種紀事，果絕對足以憑信歟？抑此『新唐書』之紀年較之回教徒所傳者更足信賴歟？吾輩不揣冒昧，對此學者從來全然等閑看過，或全未着手之此等問題，姑提出幾許新的研究。此卽本論文起稿之主旨也。設若明瞭杭州及廣州陷落年代之事實，則對於 Klaproth 之 Khanfou 杭州說，今得更進一步批判之，且對 Khanfou 廣州說，能加一簣之功也。

* * * * * * * *

，元來，唐末之史料，極不充分。唐宣宗以後之實錄，俱不存在。(16)在宋司馬光『資治通鑑』中，雖引用宣宗僖宗之實錄，但此爲北宋之宋敏求所補續者，固非當時之實錄也。至實錄以外所謂朝報，邸抄等之當時記錄，亦多於唐末擾亂之際散佚殆盡。此事宋歐陽修宋祁等，俱公言之：(17)

　唐興（中略）垂三百年。業鉅事叢。（中略）其間巨盜再興。圖典焚逸。大中（八四七至八五九）以後。史錄不存。雖論著之人隨世裒掇。而疏舛殘餘本末顚倒。故聖主賢臣叛人佞子。善惡汨汨。有所未盡。可爲永愾者矣。

故在中國歷代中唐末之史實最欠正確，時代之年月錯誤者甚多。試一閱『通鑑考異』，當卽了解。清錢大昕評曰：(18)

　蓋宣宗以後。實錄散亡。傳聞互異。新舊兩史之牴牾者。難以更僕數矣。

實際情形，猶在此以上。凡研究唐末史實者，應首先不能忘此點。現關於此問題中杭州及廣州陷落之事實年月，有如左所傳之不同。

在異同表中，左列二點，須特別注意：

關於廣州陷落之年月，當時所傳缺乏一致，在千年後之今日，幾不得的確決定之。然從種種事迹推測，乾符五年說實較乾符六年說爲合理可靠。據『舊唐書』僖宗本紀，黃巢一面圍攻廣州，一方對朝廷請求妥協。其時關於處置黃巢之朝議不一致。同平章事盧攜主張排斥黃巢，而其同僚鄭畋則主懷柔。以鄭盧兩相意見相左，積不相能，遂起爭執，受僖宗譴責，罷免二人之職。

兩相之罷免，若認爲乾符五年，則黃巢之圍攻廣州自亦不得不認爲乾符五年矣。尤其於鄭盧兩相之罷免年代，因爲唐末之事件，照例不無異說。如『新唐書』僖宗本紀，宰相表，五行志（卷三十五）崔沆傳（卷百六十）『舊唐書』盧攜傳（卷百七十八）『僖宗實錄』『資治通鑑』等，皆爲乾符五年；然『舊唐書』僖宗本紀，豆盧瑑傳（卷百七十七）鄭畋傳（卷百七十八）『新唐書』五行志（卷三十六）『册府元龜』（卷三百三十三）等，則爲乾符六年。惟關於宰相之任免，最足信賴者，爲『新唐書』之宰相表，而此宰相表中卻明記：

乾符五年五月丁酉（鄭）畋（盧）攜並罷。

如上。故以贊同乾符五年說爲妥。他如司馬光吳縝等亦俱採乾符五年說。(22)

資鄭盧兩相罷免原因，在處置黃巢發生爭論一事，見於新舊『唐書』之傳紀中所傳，略皆一致，惟在『新唐書』之南蠻傳內，則記述二人爭論罷免之事實爲與南詔交涉問題之結果。而『資治通鑑』『僖宗實錄』等亦均根據此記事，認二人之罷免，乃關南蠻之處置問題。(23)

元來鄭畋與盧攜二人在親族間卽已不睦，至於政見，常亦相左。不問其爲南詔事件，抑爲黃巢事件，或其他事件，凡事每生衝突。因此，唐末紛擾之際，對此二人之罷免，有謂爲南詔事件，有謂爲黃巢事件，而傳聞互異矣。然據『新唐書』之南蠻傳言鄭盧兩相關於南詔事件之爭論，爲高駢在荊南節度使（北夢瑣言卷十一記高太尉自淮南飛章反對云）任內時之事，但高駢於乾符四年已轉任鎮海節度使，(24)故關於南詔問題之爭論，當爲乾符四年之初期或乾符四年以前之事件。因此，似難認爲乾符五年五月兩相罷免之原因也。北夢瑣言卷十一中有：『僖宗奔蜀……乃許降公主。蠻王以連姻大國，嘉幸逾常』之句。卻爲黃巢陷落長安以後之事。

如以上一再所說明，唐末事件實糾紛如麻，一方整理清楚，而一方復生葛藤，故欲在此種狀態下徹底的判決其是非，甚非易事；然就大體上推論，鄭盧兩相之罷免，爲乾符五年黃巢圍攻廣州時

發生之事件。換言之，卽對黃巢處置所生爭論之結果。如是想像，似覺妥當。據『資治通鑑』所引『僖宗實錄』，以鄭盧兩相之爭執爲乾符五年五月朔，卽丙申之日，其被罷免爲翌年丁酉之日。(25)此時朝議概從盧攜之說，傾向排斥黃巢者，其決議遂次第報告於廣州黃巢之許。

按當時之國都長安與廣州之距離，約有五千五百里之遙。(26)普通需二月行程，(27)迅速時，當能縮短至一個月以內。據『續寶運錄』，載在此前後由朝廷派往嶺南之使者仇公度，十月一日從廣州出發，於二十九日回返長安。(28)由此推測，五月丁酉被遣之朝廷使者，途中費二十八九日，其到達廣州當在五月末或六月初。若言黃巢接得其報告，憤慨朝廷對彼之待遇，發大軍卽日攻落廣州時，則陷落廣州之時日，當然亦爲乾符五年五月末或六月初矣。

試以回教徒所傳回曆二百六十四年與中國曆換算時，卻當乾符四年八月二日至乾符五年八月一日。故認定廣州之陷落在乾符五年五六月之交，與回教徒所傳甚吻合，決無何等故障也。若果爲五六月之交，則正當蕃商向廣州來航之滯留時期，是以在陷落之際罹鋒刃之厄者，爲數甚多。

然則 Khanfou（廣府）陷落年分爲回曆二百六十四年，並非傳聞之誤，東西史料上所記，亦甚

一致也。

* * * * * * * *

總以上所述得歸着爲五點：

（一）唐末之紀年，極爲糾紛。

（二）『新唐書』僖宗本紀載杭州陷落爲乾符五年，廣州陷落爲乾符六年，然絕難置信。

（三）黃巢賊衆攻陷杭州之事既不確實，自難憑信。故根據此事實而主張 Khanfou 爲杭州之說，亦難成立。

（四）因中國記錄中所見之廣州陷落年分不一致，故與其評論回教徒所傳回曆二百六十四年之當否，不若根據回教徒所傳而決定中國記錄年分之當否。

（五）考察比較東西史料時，廣州之陷落以認爲乾符五年較妥。同時，關於（1）Khanfou 杭州說之否認。（2）Khanfou 陷落年代之確立。（3）Khanfou（廣府）廣州說之確立諸問題，給與從來之研究上進步若干。

〔參考〕

（1）Reinaud; Relation des Voyages dc. Tome I P. 63–64.

（2）Renaudot; Anciennes Relations de l'inde et de Chine dc. 1718, P. 180.

（3）Klaproth; Renseignemens Surles Ports de Gampou et de zaithoum (J. A., 1824, B. P. 39 至 40).

（4）Cordier; Yule's Cathay and the way thither. Vol. I. P. 89.

（5）Klaproth; Mémoires relatifs a l' Asie, Tome II, P. 201 至 206.

（6）Cordier; Yule's Marco Polo. Vol. II. P. 199.

Cordier; Yule's Cathay, Vol. I. P. 89.

（7）Klaproth; Tableaux historiques de l'asie. P. 229.

（8）藤田（豐八）君之「宋代之市舶司及市舶條例」（大正六年五月之「東洋學報」）一八三頁，一九〇至一九三頁。

拙稿「關於宋末之提擧市舶使西域人蒲壽庚」（大正四年十月之「史學雜誌」）一二頁。

（9）Reinaud et guyard; Géographie d' Abboulfédâ. Tome II, 2 P. 122, 124.

(10)「中國通史」卷之三下，八八至八九頁。

「那珂通世遺書」之「成吉思汗實錄續編」一四二頁。

(11)石橋君之「關於唐宋時代中國沿海貿易並貿易港」（明治三十四年九月之「史學雜誌」）一九至二〇頁。

(12)「史學研究法」（明治三十六年十月）二一三頁。

(13) Reinaud; Relation des Voyage. Tome I, P. 63 et P. 68.

拙著「關於波斯灣之東洋貿易港」（大正五年七月之「史林」一九至二〇頁。

(14) Maccoudi;Prairies d'or (Traduit Par Barbier de Meynard et pavet de Courteille) Tome II, P. 302.

(15) Maçcoudi;Prairies d'or. Tome I, P. 5, P. 234.

(16)宋代高似孫之「史略」卷。

清代趙翼之「廿二史劄記」卷十六。

(17)「新唐書」卷百三十二之韋述傳贊。

(18)「廿二史考異」卷四十六。

(19)「粵海類編」及「奇晉齋叢書」中所收宋代無名氏撰述之「平巢事迹考」。

(20)「資治通鑑」唐紀六十九乾符六年五月一項中所引之「續寶運錄」。

(21)「歷代賦彙」卷三十七所載。

(22)「資治通鑑」唐紀六十九乾符五年五月一條。
宋代吳縝之「新唐書糾謬」卷六，乾符五年五月風雹事紀志有不同一條。
(23)「資治通鑑」唐紀六十九，乾符五年五月一條。
(24)「舊唐書」卷百八十二，高駢傳。
「舊唐書」僖宗本紀乾符四年六月一條。
(25)「資治通鑑」唐紀六十九，乾符五年五月一條，及其注。
(26)「舊唐書」卷四十一，地理志。
(27) Reinaud: Relation des Voyages. Tome I, P. 79
(28)「資治通鑑」唐紀六十九，乾符六年五月一條之注。

四　伊本所記中國貿易港

桑原隲藏

（一）『道程及郡國志』一書之著作年代及其譯本

中國唐代與摩訶末教國（大食）間之海上通商，曾盛極一時。記載當時回教徒航行於中國貿易港之事蹟，最早而確實者，當推西曆九世紀中葉阿剌伯地理學者 Ibn Khordâdbeh 之『道程及郡國志』。

吾輩曾述之（大正四年十月之『史學雜誌』一〇頁），關於『道程及郡國志』之著作年代，異論頗多。例如荷蘭之 De Golje，法國之 Barbier de Meynard，英國之 Yule 及 Beazley 等，諸學者各自為說，互不一致。更其後吾輩所目擊者，如英國之 Le Strange，認此書為回曆二百五十年即西曆八百六十四年時所著；(The lands of the Eastern Caliphate P. XVIII) 德國之 Hartmann，則認為回曆二百三十二年即西曆八百四十六年所作；(Encyclopaedia of

Islâm Vol. I, P. 842)法國之Ferrand，則認爲西曆八百四十四年至四十八年時所作。(Textes Géographiques Arabes, persans et Turks relatifs a l'Extrême-orient tome I, P. 21)異說雖若是之多，但綜括言之，仍不越西曆九世紀中葉也。

此Ibn Khordâdbeh一書，在千八百六十五年時，曾由Barbier de Meynard用法文譯之，題曰Le livre des route et des provinces，揭載於Journal Asiatique中。凡十九世紀後半之學者，大率根據此法譯本。其後於千八百八十九年，荷蘭之De Golje，在其Bibliotheca Geographrum Arabicorum中，聞從新加訂此Ibn Khordâdbeh之法譯本，惜吾輩未得寓目之機會。唯關於中國之部分，據Hartmann，略略引用於Encyclopaedia of Islâm中；又依照Cordier，在Cathay and the way thither中，亦時時引用之，故其大體，不難推知。更於千九百十三年刊行Ferrand之Textes relatifs a l' Extreme-orient中，曾登載Ibn Khordâdbeh極東部分之抄譯。

比較上述諸譯本，後出之De Golje或Ferrand所譯者——至少其關係中國之部分，吾輩

之考察無誤時——實難斷言一定優越 Barbier de Meynard 焉。加之從來染指於唐代中國貿易港之研究者頗多，就中日本學者着手此問題者，亦均根據 Barbier de Meynard 之譯本。吾輩於本論文中，對於此等學者，尤其是日本諸先輩之所說，因預定加以批判之故，是以亦以根據同一之譯文較為便利。除在二三特別情狀引用 De Goeje 或 Ferrand 之新譯本外，大體上均根據 Barbier de Meynard 之舊譯。

按 Barbier de Meynard 所譯 Ibn Khordâdbeh 之『道程及郡國志』上，關於中國貿易港之記事，大略如左：

自 Senf 至中國最初（貿易）港之 el-wakîn 據 Edriçy 爲 Loukîn 水陸兩路，各距百 Farsange。在 el-wakîn 港處有上等的中國鐵，瓷器及米。el-wakîn 爲大港，由此往（其次之） Khanfou 時，海上需四日，陸上需二十日。在 Khanfou 出產各種果實，野菜及其他小麥 (le blé) 大麥 (l'orge) 米 (le riz) 並甘蔗 (la canne à sucre) 等。由 Khanfou 八日達 Djanfou。此地產物亦與 Khanfou 港無大差別。由 Djanfou 至

（一）黃巢賊衆攻陷杭州之事，僅記載於『新唐書』之僖宗本紀，而不見於其他記錄中。

（二）關於廣州陷落之年月，極不一致。有謂乾符五年者，亦有謂乾符六年者。如異同表所揭，且有謂廣明元年者。卽在乾符六年說之中，有五月，九月，或冬月之不同。

以下就此二點，分別一述愚見。

＊ ＊ ＊ ＊ ＊ ＊ ＊

杭州爲江南一大都會，其陷落，自爲極大事件，然除『新唐書』僖宗本紀而外，不見其他記錄，故不得不謂一不可思議之事。加之，在『舊唐書』僖宗本紀之乾符六年十月一項載：

初〔高〕駢在浙西，遣大將張璘梁纘（纘？）等大破黃巢於浙東。賊進寇福建，踰嶺表。

此記事顯卽『新唐書』所述乾符五年八月至十二月，黃巢由杭州而蹂躪越州福州方面時之事實。唯『舊唐書』述此時黃巢之蹂躪在浙東，而於攻陷浙西之杭州，殊未提及。且『舊唐書』僖宗本紀乾符五年三月之記事及『新唐書』黃巢傳高駢傳等之記事，似亦同樣否認黃巢之攻陷杭州。書籍中否認杭州陷落說之最有力的反證，爲宋葛澧之錢塘賦。葛澧此賦——南宋王象之『輿

地紀勝』卷二中曾引此賦中之一節，題曰帝都賦，蓋在南宋時代，錢塘卽杭州因爲帝居——故名。——中言唐末江浙諸城市多罹兵燹，獨錢塘（杭州）安穩無事。其賦曰：(21)

自唐乾符之後，擁戎車者接軌。徐綰，劉浩之徒。孫儒，董昌之輩。或毒螫於淮甸之邦。或剽掠於二淛之內。蘇常近境。允常故都。鞠爲戰場。蕩爲兵墟。至錢塘則不然。賴守土以安居。雖黃巢之衆。不能踰臨安而深入。雖田頵之暴。弗克破北門而馳驅。歷五季之後。迄聖朝之初。幾百年間。安堵無虞。

由此而觀，黃巢之未能攻陷杭州，初無何等疑惑存在。據此推斷，『新唐書』僖宗本紀乾符五年之記事，殆不足憑信。至少，就此信任此記事覺有危險。若乾符五年杭州陷落之事實可怪，則同時 Khanfou 杭州一說之堅城鐵壁（卽第三之根據）不免亦極薄弱矣。何以故？蓋回曆二百六十四年 Khanfou 爲賊衆陷落之記事，不僅不與 Khanfou 杭州說以何等保障，若杭州陷落之事實不存在時，且使 Khanfou 杭州說，因此記事而絕對不得成立矣。

* * * * * * *

〔其次之〕Kantou 需六日，其地產物〔與前記兩處〕亦相同。此等中國〔貿易〕港，皆臨能航行之大河〔之口〕而此等大河，俱受潮水滿干之影響。在 Kantou 之〔大〕河處，頗多鵝 (l' oie) 鴨 (le canard) 及其他鳥類 (autres volatiles)。由 Almaid 至其他一極端，中國海岸線之最大距離，約需二月之航程。(中略) 關於中國國境外〔東方〕之國家俱不明瞭。聳立 Kantou 之前面者為高山。其在 Sila 國中，地多黃金。(下略) (J. A. 1865, P. 292-294)

依據上述 Ibn Khordâdbeh 所載，當時中國貿易港，由南方順次數點，為 el-wakîn (loukîn) Khanfou, Djanfou, 及 Kantou。此四貿易港，究竟應擬定在中國何處，即為本論文起稿之目的；惟就中關於第一之 el-wakîn 與第二之 Khanfou，今日學者中已有定說，或將趨一致。因此，關於此二港，毋需特別討論，茲僅為論述順序關係，極簡單介紹之可矣。而主要在盡全力研究第三之 Djanfou 與第四之 Kantou 二港也。

(二) el-wakîn (Loukîn) 與 Khanfou 兩港之位置及諸學者對此之主張

el-wakîn 之正名當爲 Loukîn。蓋轉訛而成 el-wakîn ——以冠詞之 el (al) 添加於固有名詞 Wakîn 之上也。——要之多數學者,承認 Loukîn 之名稱爲正當,如現今之 De Goeje 及 Ferrand 諸氏所作,皆作 Loukîn (Loukyn 或 Lūkîn) 也。

Loukîn 之位置,Sprenger (Die Post=und Reiserouten des Orients, S. 30) 早經擬定爲今日法領東京之河內 (Hanoi) 或其附近。而從來許多歐西之東洋學者,因誤解第二貿易港 Khanfou 之位置,結果對於擬定 Loukîn 之位置,頗多表示幾分贊同而又躊躇。例如 Richthofen 氏,一面與 Sprenger 同樣的擬定 Loukîn 在東京地方,一面復試擬在福建地方。(China, Bd. I. S. 575,-576) 然吾輩已於大正八年一月『史林』上所揭載「關於廣府問題及其陷落年代」之拙稿中,證明 Khanfou 之爲廣州,殆已確實,是以此種懷疑已無討論之價值。

(甲) Senf 之正確的古音爲 Čanf,尤其是梵語之 Čampa 一音,得確實代表之,其理由,Ferrand 氏已十分說明之矣。(Textes relatifs a l' Extreme-orient Tome I, P. 3, 12.) 且

可與玄奘之（摩訶）瞻波，義淨之占波，『新唐書』之占婆對比之。則其位置之指定，遂無困難。如上所述，即 Khanfou 爲廣州也。由距占婆北百 farsange 之廣州南行海上四日之距離推斷之，其在河內附近，殆無疑義。（參照大正四年十月之『史學雜誌』一四頁）

(乙)今之河內即唐之交州，其爲中國古來最南之外國貿易港，著聞一時。『舊唐書』地理志載:

交州都護制諸蠻。其海南諸國，大抵在交州南及西南。居大海中洲上。相去或三五百里，三五千里。遠者二三萬里。乘舶舉帆。道里不可詳知。自漢武已來。皆朝貢。必由交趾之道。

可知交州在唐代依然爲中國最南之繁盛貿易港。（參看大正四年十月之『史學雜誌』一三頁）然則對照東西史料，以 Loukîn 擬定爲交州，實最妥之斷案也。

石橋教授認定阿剌伯人之 Loukîn，即龍編一名之轉訛。（明治三十四年九月之『史學雜誌』三七至三八頁）此種認定大率妥當。按龍編縣約當交州州治之東南四十五里，（『元和郡縣志』卷三十八）臨 Songkoi 大河，接近大海，故海船出入甚爲便利。在唐將高駢之回雲南牒

（『全唐文』八百二卷）中，敍述平定安南之事實，亦曰「其比者親征海裔，克復龍編。」蓋龍編實當交州之門戶也。惟龍編（Long-pien）一音，覺與 Loukîn 不甚一致。然石橋君已言之，阿剌伯人對於P字音，概以F字代之，而此F字復易與K字相混，故 Loupîn (Long-pien) 遂傳誤為 Loukîn 矣。或若 Pelliot 說，安南人常有以P字音變成K或C字音之癖習，（Deux Itinéraires de Chine en Inde. P. 190）故安南人以傳訛之龍編音 Loukîn(Long-Kien) 而傳於阿剌伯人。總之，解釋之方式，縱令不充分，而龍編一音，畢竟幾分接近 Loukîn 焉。

第二貿易港之 Khanfou，在 Sprenger 所據之原本作 Chānqū (Die Post und Reiserouten, S. 83) 而 Jaubert 譯之 Edrisi 中，亦同樣作 Khancou (Geographie d'Edrisi. tome I, P. 90) 此亦照例為阿剌伯文字F與K(q)容易混同之結果，固不待論，自以 Khanfou 為妥當。故以 Khanfou 認定為廣府之譯音，而以此擬定為廣州（廣東省粤海道番禺縣）者，已成我學界之定說矣。然在西洋學者間，以此為澉浦（浙江省錢塘道海鹽縣澉浦鎮）之譯音，而擬定為浙江之杭州者甚多，一八二四年自 Klaproth 開始主張 Khanfou 杭州說以來，（Renseigne-

mens sur les ports de Gampou et de zaithoum. J. A. P. 39 — 40) 如 Reinaud, Yule 等以及最近之 Cordier 諸東洋學者，多贊同此說。

此 Khanfou 杭州說之根據，雖有種種理由，但其唯一之堅城鐵壁，爲『新唐書』僖宗本紀之：

乾符五年（西曆八七八）八月黃巢陷杭州。

乾符六年（西曆八七九）五月黃巢陷廣州。

而一面在回教徒 Abou zeyd 之記錄 (Reinaud; Relation des Voyages. Tome I, P. 63 至 64.) 上，明記黃巢攻陷 Khanfou 之年代爲回曆二六四年（西曆八七八——乾符五年），如是對比東西史料之結果，必然的，歸着 Khanfou 杭州說矣。

吾輩已於本年一月『史林』上，揭載「關於廣府問題及其陷落年代」一論文中，提出下列兩項：

一、黃巢攻陷杭州之事實可疑。

二、黃巢攻陷廣州之年代，並非乾符六年，乃乾符五年。

研究之結果，以為 Khanfou 杭州說終難成立。而不得不擬定 Khanfou 為廣州。至其原委，由該論文申述，在茲惟斷言 Khanfou 廣州說之絕對正確。

(三) Kantou 港之位置及諸學者對此之主張

擬定 Loukîn 及 Kanfou 之位置，如上所述，不感如何困難，反之，如 Djanfou 與 Kantou 二港，則以從來異說甚多，卽至今日，猶未見解決，不知何所適從。曩已言之，本論文目的，實在此二港之位置，卽不外較今稍確實擬定之也。茲為敍論之便利計，先試擬第四港 Kanfou 之位置，而後及 Djanfou。

茲將從來擬定 Kantou 位置之東西學者主張，簡單介紹之如左：

(A)最先，Sprenger 氏於西曆一八六四年擬定 Kantou 在注於渤海灣之白河口（河北省）附近。(Die Post-und Reiserouten des orients. S. 90)

(B)旋 Yule 氏於一八六六年，以為擬定 Kantou 在上海附近或黃河口（山東省或江蘇

省）附近，始覺妥當，惟不述其個人確切之判斷。(Cathay and the way thither, Vol. I, P. C X。)

（C）一八七七年，Richthofen 唱出有名之 Kantou 膠州說。及主要之理由，綜合爲以下四點：(China, Bd. I. S. 576)

甲、膠州由彼擬定杭州之 Djanfou——Richthofen 氏以 Djanfou 書作 Gānfu——爲六日行程，其距離確適當。

乙、膠州（Kiau-tshou）之名稱，類似 Kantou。

丙、膠州接近朝鮮半島，其前面與 Sila（新羅）高山確相對立。

丁、膠州在山東方面爲重要之港灣，由唐代至今，商業極盛。

（D）荷蘭之 De Golje 於一八八九年，以此 Kâncọu——在彼所據之原本中，該當 Kantou 地名者爲 Kâncọu——擬定在中國之 Kian-Chou。(Cordier; Yule's Cathay, Vol. I, P. 136) 單指 Kian-Chou，固甚欠明晰，惟此 Kian-Chou 恐即 Kiang-Chou 之誤，蓋指江州（江西省

潯陽道九江縣）而言。

（E）同僚石橋教授，於明治三十四年（一九〇一）十月之『史學雜誌』上，發表 Kantou 爲萊州（山東省膠東道掖縣）之新說。其擬定之主要理由如下：（「關於唐宋時代之中國沿海貿易並貿易港」六二至六三頁）。

甲、萊州由石橋君擬定 Djanfou 在揚州起行，其距離航程，約計六日。

乙、萊州在後魏時代名光州，而光州 (Kwang-tshou) 一名之音，頗與 Kantou 類似。

丙、萊州地方，在昔卽當遼東朝鮮方面交通之要衝。

丁、萊州地方之物產，與 Ibn Khordâdbeh 上所記之物產一致。

（F）一九一三年出版之 Encyclopaedia of Islâm (Vol. I, P. 842. A.) 中，Hartmann 認定 Kânşû——彼所據 De Goeje 書中，該當 Kantou 之地名者，爲 Kânşû (Kânçou)——爲杭州（浙江省錢塘道杭縣） Hang-chou 之譯音。

（G）故內田博士於大正四年（一九一五）十月之『藝文』中，揭載「關於 Seilla 之島

及哥列斯」論文，有一段曰：

Kantou 異說頗多，不問何地俱難決定，然可大約指之在山東半島之某地點。（二頁）

（H）同時，吾輩於大正四年十月之『史學雜誌』上，根據一、名稱之類似，二、物產之一致，三、唐時大食波斯蕃商來集之事實，而發表以 Kantou 擬定在揚州（江蘇省淮揚道江都縣），並言畢竟爲江都（Kiang-tou）譯音之未定說。（「關於宋末之提舉市舶使西域人蒲壽庚」一五至一六頁）

（I）最後，畏友藤田（豐八）君於大正五年（一九一六）六月之『史學雜誌』上揭載「關於 Ibn Khordâdbeh 之 Kantou」一論文中，以 Ibn Khordâdbeh 所謂之 Kantou 爲安東（Antung）之譯音，而擬定在今河北之永平。（今之河北省津海道盧龍縣）藤田君熱心主張此新說。

以上諸說中，其未確實指定 Kantou 之位置者，姑置勿論，其餘不過膠州說，萊州說，江州說（？）杭州說，揚州說，永平說之六種主張。就中如 De Golje 及 Hartmann 兩氏之所說，其原因：

甲、所據爲與 Barbier de Meynard 相異之原本。
乙、彼等雖爲阿剌伯學者中之佼佼者，但關於中國之知識，卻甚貧弱。
丙、彼等主張之根據，限於名稱之類似，而不述何等之理由。
上述三理由，故彼等之江州說，杭州說，當無特別重視之必要。吾輩姑置弗論，而盡力比照其餘各說，較便利也。

上述六說，各有其相當之理由，惟揚州說得理由尤爲充足。吾輩曩於考證宋末蒲壽庚之事蹟時，曾唱其副產物之 Kantou 揚州說，當時公言此說推敲未熟，欲確立此新說，猶待今後之一番研覈。（大正四年十月之『史學雜誌』一六頁）翌年，（大正五年）藤田君於發表之「關於 Ibn Khordâdbeh 之 Kantou」一文中，對吾輩之 Kantou 揚州說，任意非難。吾輩受此非難之刺戟，遂堅持謹愼態度研究 Kantou 一問題，結果愈益確信 Kantou 揚州說無誤。據吾輩見解，藤田所加 Kantou 揚州說之非難，無甚效力，藤田君自身之 Kantou 永平說，其根據卻甚薄弱。吾輩在本文中，闡明自己主張之根據，同時，對藤田君所說，不容假借，加以反駁，至於自己之 Kantou 揚

州說，在辯護上不可避免者，乃當然之方法也。關於此點，希望藤田君豫先諒解。

(四)解決 Kantou 問題之必要條件

當解決 Kantou 問題之際，無論如何有考慮左列諸條件之必要：

(A)須爲中國之沿海港而名稱類似 Kantou 音者。

(B)其地須有 Ibn Khordâdbeh 所載 Kantou 之物產，即大麥，小麥，米及甘蔗等。

(C)擬定 Kantou 之地方，在中國當時之記錄中，必須傳有大食波斯之蕃商來航。至少此等有證據存在之地方，終較無此證據之地方爲有力也。

(D)須爲由 Khanfou 即廣州北行約十四日航程之港灣。

(E)有潮水之滿干，且其港灣有海舶儘能航行之大河口。

(F)在擬定 Kantou 之地方河道中，必須棲息甚多之鵝鴨，及其他水禽。

(G)其地應在朝鮮半島之對面。

(H)因當時之外國貿易，主以朝廷爲對手。故貿易港必位於與國都交通便利之處。至少限度，

此等位置之港灣，較之不具此條件之港灣，而擬定 Kantou 爲有力也。

凡擬定 Kantou 之土地，不可不備具上列八條件。根據吾輩研究之結果，以揚州比之膠州萊州江州杭州永平等，就上述各條件論，遙爲適合。因之吾輩不得不認定 Kantou 揚州說爲最有力焉。

以下分項，卽照此等條件，而逐一比較各說之優劣。

關於 Kantou 問題之向來發表的學說中，藤田君之論文，尤其是以 Kantou 爲題目者，其當否固應別論，惟其議論卻極豐富且涉及之處尤多。因之，吾輩批評之不可簡單。況吾輩欲藉此機會，奉答藤田君對於吾輩 Kantou 揚州說之非難，是以本文中置重於揚州說與藤田君之永平說之優劣比較，而置其他諸說，於第二段略附以簡單說明而已。

（五）關於 Kantou 問題各種主張之批判

（A）按 Barbier de Meynard 譯之 Kantou，在 De Golje 譯本上爲 Kançou (Kânçû)，在 Ferrand 譯本上爲 Kānçū。此蓋起於阿剌伯文字 T 與 Ç——古音爲 Č——之形體類似。

故其結果，阿剌伯原本之 Kantou，又作 Kançou 或作 Kānčū 矣。吾輩前已言之，姑認 Barbier de Meydard 譯之 Kantou 爲正當。

一、膠州說　查膠州（Kiau-tshou）一名，已如藤田君豐所指摘者，未必即與 Kantou 一致。（大正五年六月之『史學雜誌』四八）頁尤其是膠州一名稱，由北魏永安二年（五二九）至隋朝開皇五年（五八五）雖仍存在，但自其年即改膠州爲密州。（參看清朝楊丕復之『輿地沿革表』卷二十六）其後歷經唐宋各代，俱稱密州，而不以膠州名之。在九世紀中葉，回教徒將廢止約三百年之膠州一名，而稱爲 Kantou 者，自一疑問。

二、萊州說　按此說之缺點，略同前說。萊州一名光州（Kwang-tshou），比之膠州雖類似 Kantou 之音，但實似是而非。以 Kantou 之 tou，擬之州音，已覺不妥。（參看大正五年六月之『史學雜誌』四八頁）且光州一名，起於後魏皇興四年（四七〇）開皇五年（五八五）已廢去，（參看『輿地沿革表』卷二十六）爾後即慣用萊州之名。因之，欲以 Ibn Khordâdbeh 之 Kantou 與光州發生關係，實屬困難。石橋君亦甚自覺此弱點，故復申敍曰：

光州之名稱，隋代以後無之，故唐末 Khordâdbeh 書中名稱至少爲不適當，惟光州一名，若係取名其地光水者，則縱然其政治上名稱，隋代已廢止，然以其河名存在，故其地仍呼光州，（亦未可知。）（明治三十四年十一月之『史學雜誌』六五頁）但就事實觀，甚屬可疑。

三、江州說　以 Kantou 之 Kan 認爲江字譯音，固覺妥當，惟以 tou 爲州字譯音，則殊難同意。若認 Kantou 爲 Kançou 之誤，則以 Kançou 爲江州之譯音，尙覺適當，惟此已逾越本題，姑不討論。

四、杭州說　以 Kantou 爲杭州之譯音，似不妥當。若將 Kantou 爲 Kânşû (Kânçou) 爲杭州之譯音時，覺稍適合，惟此非目前之問題，要之與前說同一缺點也。又 Hartmann 以十四世紀中葉 Ibn Batûta 之 Khansa 認爲 Kânşu 之訛，同係杭州之譯音，惟此不足憑信，固不待論。按 Ibn Batûta 之 Khansa 與 Marco Polo 之 Kinsay 及 Wassâf 之 Khanzai 同爲行在（杭州）之譯音，（參看大正四年十月之『史學雜誌』二二二至二二五頁）實與 Ibn Khor-

dadbeh之Kânsû無何等關係也。

五、永平說　査安東都護府之置於永平（平州），乃唐玄宗開元二年（七一四）至天寶二年之事。自天寶二年後，卽移至遼西方面，旋卽廢止。（『舊唐書』卷三十九，地理志）由安東都護府廢止後至 Ibn Khordadbeh 時代，其間已經百年之久，豈在此時代仍用安東之名稱歟？且安東都護府之所在地，自創設以來，轉輾遷移於平壤遼東或遼西永平（平州）等處，獨永平雖在都護府廢止後，仍得常久佔用安東之名稱歟？藤田對於此等疑問，未與以何等有效之說明。

縱令永平迄至 Ibn Khordadbeh 時代，仍佔有安東之名稱，然 Kantou 果能認爲安東之譯音歟？是覺大有疑問在也。對於 Arshak 爲安息（『史記』『漢書』），對於 Antoninus 爲安敦（『後漢書』），對於 Andarâb 爲安呾羅縛（『大唐西域記』）對於 Andhara 爲案達羅（『大唐西域記』）等，此等例證，實無暇一一枚舉。通漢唐之時，關於安（或案）字音之爲 An(Ar)，當無何等疑惑可言。

吾輩不幸對於唐代東字一音之例證，確實者無多，惟對於東之近 Tung (tun) 或 Tong

(ton)，字音毋需疑惑。〔滿田（新造）學士之『中國音韻斷』七〇頁〕唐初吐蕃大臣祿東贊之東贊二字，被認爲蕃名 (S) Ton (b) tsan 之音譯。(Laufer; Bird Divination among the tibetans. T. P., 1914, P. 96.)足供東字音在唐代爲 Ton 之一證。又唐穆宗長慶二年所建之唐吐蕃會盟碑上，以蕃名之 Kri (b) žer (I) tam ton 當漢字之綺立熱貪通等字。(Laufer; Bird Divination P. 73)。唐玄宗開元二十年（七三二），闕特勤碑突厥文之 Tongra (toṅra) 種族，新舊『唐書』作同羅。(Thomsen; Inscriptions de l'orkhon, P. 153. Hirth; Nachworte zur Inschrift des Tonjukuk.S. 36.)。此與 Ibn Khordadbeh 略同時代之碑文，以與東字同音同韻之通字，當 ton 而以同字爲 tong (ton)，是唐代東字音，亦不難推測。

時代似覺稍後，福建泉州之別名爲刺桐（城），在宋元時代之回教徒或耶穌教徒間，則知爲 zayton (zaitum)。按此桐字與東字之爲同音同韻，固不待論。在漢夏（西夏）兩語對譯字書之『掌中珠』，以同，銅等字，表作西夏之麽葥二字。可知與東字同音同韻之同，銅等，宋時有近於 ton 之字音，毋容疑惑。（羅福萇君之『西夏國書略說』一〇頁）

由以上所舉之例證觀之，唐宋時代之東字音，豈不應認定爲 Ton(tong) 或 Tun(Tung) 歟？果然，則唐代回教徒所傳安東之名爲 An(Ar)-ton(tong) 或 An(Ar)-tun(tung) 者，決不能呼爲 Kantou。然藤田君乃謂安東轉訛爲回教徒之 Kantou，視爲當然，實覺不可思議焉。

藤田君之此種不可思議之主張，其根據如下：

安東在今之官音爲 ngan-tong。若安字在唐時亦爲於寒切，則與今音無差別。尤其是以曷代安，以按作遏亦應參考之。且在金元之際，往往有以安爲 gan kan 之實例。東(tong)之所以成爲 tu(tou) 者，卽查傳自唐代之日本字，亦能明瞭。然則 Kantu 爲安東之對音，在音韻上，當無何等不適之處。比較最近提出之江都光州膠州等說，更覺近似也。（大正五年六月之『史學雜誌』五〇頁）

以上爲藤田君安東（Kantou）說關於音韻議論之全部。吾輩深覺其斷案過於大膽，更驚異其證據之貧弱焉。試就藤田君之此種音韻論，申述其四五之不審處：

（1）在中國今日之安字音，普通爲 An。(Giles; A Chinese-English Dictionary P. 5)。

至北京音及其他雖有與 An 同音之 ngan，但此 ngan 不過爲 An 之鼻音而已。不得以此 ngan 音與 Kan 或 Gan 同一視之也。因之，如藤田君輕輕以安字代表 Kan 或其類似之音，難以立證。

(2)因唐代之安字音爲於寒切，遂以爲與今日之 ngan 音同一之藤田君說明，不幸吾輩不能十分了解其意義。藤田君如何能證明唐代之於字音爲 ng——如藤田君之解釋——耶？因之，唐代之於寒切何以必爲 ngan，得以立證歟？以若是不易了解之音韻，僅書一行文字解釋之而不與以充分之說明，不免有疏忽之嫌。

(3)關於以曷作安以按作遏一層，在今亦有確實舉例與委細說明之必要。卽如藤田君之主張，有以曷遏代用安按之實例，但安與按決未有 Kat 及 Kan 發音之證據。何則，已如 Schlegel 所言，曷及遏之古音爲 At，與安同可爲代表 Ar 之音。(The Secret of the Chinese method of transcribing foreign sound P. 22)。卽謂代用安或按時雖曷或遏之字音爲 At，有近於安字音之證據，然由此謂安之字音，必爲 Kan 或 Kat 者，猶無此證據焉。遏字在『唐韻』爲烏割切，

『集韻』爲阿葛切，（『康熙字典』）則明係 At 而非 Kat 也。曷字在 Kat 之音以外，亦有阿葛切音遏（同書卷之五）即 At 之音。曷或遏皆有 At 之音，可以代用安與按，然謂安與按有 Kat 及 Kan 之音，可以代用曷及遏，則未之見也。藤田君漠視此等事實，得無輕率歟？

（4）僅言金元之際，往往以安之字代表 Gan 或 Kan 之音，惜乎於其切要之實例，毫無提出。蓋以安字表 An 之音，世所周知，毋需例證，惟若藤田君以安——尤其是在第一字地位之安——表 Kan 之音時，則不得不提供多數實例以證明之，乃藤田君全未注意及此，殊出意外焉。

（5）藤田君根據日本之東字音爲トウ（托烏），遂努力擬安東爲 Kantou 之 tou——按此 tou 之爲法蘭西一派之發音，與東之日本音，固略相類似。然須知通商於中國之摩訶末教徒，對於中國之地名，必直接傳聞於中國人者，決非交通日本人而後知之也。觀於廣府（Khanfou）之情形，便能明瞭。彼等商人，必需唐代之中國東字音，而毋需日本之音，明矣。且藤田君在論安字時，完全忽視日本之字音，而在東字時，則全據日本之字音，前後所論，殊缺一致。抑呼剌桐之桐爲 Ton 或 Tun 之回教徒，何以至安東之東字而獨表以 Tou(tu) 之音耶？藤田君關於此疑問，不當特別

加以考慮歟?

(6)藤田君自贊其安東(Kantou)說,謂比之江都說,膠州說,光州說,在音韻上,遙爲妥當。然藤田君僅摘發以 Kantou 擬膠州,光州在音韻上之缺點,而對吾輩江都(揚州)說在音韻上之缺點,末示片言隻句因之對於 Kantou 何故爲安東之譯音較之江都爲適當其理由實不可解。

要之,安東(Kantou)一說,藤田君雖相當努力但至少在音韻上,難見及有何等確固之根據。縱然退讓百步,安東一音,與 Kantou 類似且接近而藤田君之主張,尚不能充分成立,何以故?蓋如余輩以前所證明,唐代存有安東(An-ton)或 Antun 之音,乃無可爭執之事實。故藤田君先當證實安東音之必爲 Kantou 而非 An-ton 或 An-tun,凡此種種,皆應合併立證之,乃藤田君於此處,缺陷甚多。缺陷既多,猶謂 Kantou 爲安東之對音,在音韻上無何等之不適當;且斷言安東(Kantou)說由音韻上觀,較之從來諸說爲妥當,豈非偏護自說之傾向耶?

六、揚州說　揚州一名江都,其名稱始於隋代。唐代之江都一名稱,亦爲揚州附郭之縣名。故在唐代之詩文史傳中,指謂揚州單稱江都之例證頗夥。試觀唐許渾或羅隱之詩,卽能明暸。至於『唐

書」「通鑑」等，不遑一一列舉。按此江都（Kiang-tou)(tu）一名稱，頗與 Ibn Khordâdbeh 之 Kantou 相一致焉。江字之音，應爲 Kan，在唐代佛典中，以與江同音同韻之薑 Kiang 字，表有 Kan 之音者，毋需疑慮。（Julien; méthode de transcription des noms sauscrits figurés en Chinois, P. 123. Schlegel; The secret of the Chinese method & c. P. 46）他如明清紀錄中，以與江字同音同韻之羌（Kiang）而表 Yarkand（葉爾羌）之 Kan，其時代雖覺稍遲，要亦可供參考。至於都字應爲 Tou(tu)，頗爲明白，毋需特別申說。（Julien; méthode, P. 219 至 220。）

詮證以上所論，江都（Kantou）一說，較之其餘各說，在音韻上，尤覺妥當。膠州說，萊州說，江州說，杭州說等，固不易成立，而永平說尤難成立也。

（六）由 Kantou 產物一點上評論諸說之優劣

（B）據 Ibn Khordâdbeh 所記，Kantou 生產大麥，小麥，米，甘蔗，之類。按麥產地爲中國之中部及北部，（Richard; Comprehensive Geography of Chinese Empire P. 394）故無

特異問題發生，惟米與甘蔗，爲揚子江沿岸或揚子江以南之產物，決非中國北部之產物。因之，以中國北部之永平膠州萊州等擬定 Kantou 者，從此等產物上觀察，終覺不可能。

揚州除產大麥，小麥外，（『江都縣志』卷十一）尤以產米著名。卽在今日，包含揚州之江蘇，其爲產米地佔中國各省之首位，（東京地學協會編『中國中部與南部』三二一至三二六頁。(Couling; Encyclopaedia Sinica. P. 483) 且江淮地方，自唐代卽推爲主要之產米地，長安洛陽等之糧食，俱特此補充。在『新唐書』卷百六十五之權德輿傳所記：

江淮田一善熟，則旁資數道。故天下大計，仰於東南。

可知唐代中世米產地之揚州，實佔首屈一指之重要地位。又宋江少虞之『皇宋類苑』卷三十一中，有曰：

發運司。歲供京師（開封）米。以六百萬石爲額。淮南一百三十萬石。江南東路九十九萬一千一百石。江南西路一百二十萬八千九百石。荊湖南路六十五萬石。荊湖北路三十五萬石。兩浙路一百五十萬石。通餘羨歲入六百二十萬石。

由此而觀，即在北宋時代，山東河北亦非米產地，其重要位置，仍爲江淮沿岸所佔。

甘蔗在唐代以前之揚子江沿岸，早已盛供食用。證之當時紀錄，即能明瞭。至其實例尤不遑枚舉。在現今江蘇地方似不甚栽培甘蔗，但梁陶弘景曾曰：（甘）蔗出江東爲勝。（『增補本草綱目』卷三十三）而北宋蘇頌亦言：今江，浙，閩，廣，湖南，蜀川所生（甘蔗）大者亦高丈許。（同上）由此可知唐宋時代在今之江蘇地方，產生甘蔗頗多，實無何等可疑之餘地也。其與江東密接之揚州地方，當亦相同。

試觀『唐會要』卷一百之記事：

西蕃胡國出石蜜。中國貴之。（唐）太宗遣使至摩伽佗國取其法。令揚州煎（甘）蔗之汁。於中廚自造焉。色味逾於西域所出者。

在『新唐書』卷二百二十一上，亦載大略相同之記事，列於太宗貞觀二十一年（六四七）之時。而特由揚州徵發製糖之原料者，當以揚州或其附近甘蔗豐富之故耳。唐玄宗時代，鑑眞渡航至日本時，在揚州購入之各貨物中，有石蜜甘蔗等，（『羣書類聚』第四輯卷六十九所收之『東征傳』）

雖此等貨物難斷必爲揚州所產，惟至少可供當時揚州甘蔗豐富之一證據。要之揚州物產與 Ibn Khordâdbeh 所記之物產實相一致，實無異議可言。

由此可知揚州在唐時盛產米與甘蔗，至灌漑不便缺乏水田之中國北部，則概不產米。即在今日河北山東地方亦不產米，所需者類皆仰給於他處。(Richard; Comprehensive Geography P. 83. Couling; Encyclopaedia Sinica P. 483)在唐宋時代或其以前，中國北部試行開墾稻田雖不無成效，（參看清林則徐『林文忠公三書』中之「畿輔水利議」）惟以產額不多，且因北人不慣水田耕種，墾田遂難永久繼續。總之，中國北部無被推爲產米地之資格也。然則河北之永平，山東之膠州及萊州，僅就此點論，亦難以之擬定爲 Kantou 也。

較米更應注意者爲甘蔗。甘蔗絕對不產於中國北方。(Williams; Middle kingdom, Vol. II, P. II. Couling; Encyclopaedia Sinica. P.529)。南北朝之初，北魏太武帝，南征至彭城（江蘇省）遣使到南軍武陵王劉駿營，懇請甘蔗。（『通鑑』卷百二十五宋紀七）又唐代宗賞賜甘蔗二十條與國家元老郭子儀。（宋江亭之『搜采異聞錄』卷五等。）觀此二事，可知通唐代前後，

北人珍重甘蔗之情形矣。宋人洪邁言：甘蔗只生於南方，北人嗜之而不可得（『容齋五筆』第四集卷二）者，未必爲誇張之論也。然則產生甘蔗之 Kantou，終難以之擬於北方之膠州萊州永平焉。

De Goeje 或 Hartmann 固不待論，卽 Richthofen 與石橋君，亦忽略此條件，未予以注意。藤田君對此條件，雖曾顧及，然以與永平說正面發生衝突，故極簡單且曖昧而言之云：

此地（永平）之貨物，多由南方輸入，可視作與廣州揚州相同。（大正五年六月之『史學雜誌』六五頁。）

甚覺其辨解之牽強。以略略同時期同航路，中國沿海由南方北上之回教徒商人，若果如藤田君所想像之事實，則安東之物產，並非不知爲南方之輸入品。既知爲輸入品，應不稱爲其地之產物。藤田君自身論平壤 Kantou 說之難以成立，曰：

平壤臨船舶可航之浿水卽大同江，爲當時中國極邊之都會，其東南爲新羅。航程由揚州往爲六日，自無問題。（中略）惟謂前聳高山，新羅所在，則不適合，其產物亦當與「Khordâd-

beh」繫於新羅者相同，此固不能視爲 Kantou 也。（大正五年六月之『史學雜誌』五二頁）

又其述遼西故郡城難以擬定 Kantou 之理由曰：

〔遼西故郡附近之〕大淩河，原非大河流，僅通小舟，且其產物，亦不得與廣州揚州相同。要之，與「Khordâdbeh」之 Kantou 漸漸遠離矣。（同上之『史學雜誌』五三頁）

實則永平情況，亦與平壤遼西同，如以南方運來之輸入品，遝稱爲其地產物，致藤田君之非難，因爲適切。然以同一之藤田君，既以其地無南方同樣之產物爲理由而排斥平壤遼西故郡城爲 Kantou 之候補地，乃其擬定永平爲 Kantou 時，則又謂永平雖無南方同樣之產物，然不妨爲輸入南方之產物。此種論斷，不勝駭怪之至。

要之，由 Kantou 產物一點論，以揚州說爲最妥當。杭州說江州說或亦可成立。惟對中國北方之膠州萊州永平說，不問如何，終難成立也。

（七）根據中國當時史册所記而評 Kantou 諸說之優劣

(C)回教徒既知 Kantou 之中國貿易港，則中國當時之史册上，必記載其土地有波斯大食蕃商之集合。在擬定 Kantou 之各候補地中，具有唐代波斯大食蕃商集合之證據者，惟有揚州，其他如杭州江州膠州萊州永平等，均無此證據。故由此點考察，Kantou 揚州說，不妨視作決定的斷案。

(一)杭州說　杭州或其所屬澉浦之開港，乃宋代以後之事，至唐時之有外國商船集合一層，實無何等證據可尋。

(二)江州說　關於江州爲外國貿易中心地之證據，在唐代記錄中，全無所見。藤田君引用南宋時代范成大之『吳船錄』，近鄱陽湖口有波斯夾之名，言其或爲唐代大食波斯人來泊於此之憑空想像說（大正五年六月之『史學雜誌』三九至四〇頁）其難憑信，固不待論。

(三)萊州說　萊州夙當朝鮮遼東方面與海上交通之要衝，隋唐之世征伐高麗時，曾以此爲海軍根據地或臨時停泊處。然歷經唐宋各代，關於此地波斯大食蕃商來航之證據，不見其一。

(四)膠州說　膠州之爲貿易港，而値得注意者，乃宋代以後之事。北宋末期，曾一時置市舶司

於其地。（參照大正六年五月之『東洋學報』上所載藤田君之「宋代之市舶司及市舶條例」二〇二至二〇四頁）然此地在唐代舉行外國貿易，則乏何等證據。

（五）永平說　藤田君雖努力於此，惟關於永平在唐時有西方蕃商集合之直接證據，迄未提出。藤田君引『舊唐書』卷百八十五下宋慶禮傳所見宋慶禮於柳城（熱河朝陽縣）有『招輯商胡爲立店肆。』之事實。又引宋王讜『唐語林』一卷所載崔樞在汴（河南省開封道開封縣）有南蕃之海賈與呢懇之事實。以此證明唐時外國商賈來往於中國北方者甚多。其言曰：

卽在幽州營州，亦有大食人或波斯人，則猶太人想亦不少。（大正五年六月之『史學雜誌』五七頁）

而間接主張永平（平州）亦有大食人或波斯人來往。然此主張之不足憑信，固不待論。其理由如下：

甲、縱令柳城或汴邑有外國商人來往居住，亦未必卽爲永平有外國商人集會之證據。

乙、『唐語林』中之海賈，不若想像其爲航集於揚州之蕃客，於往返都城長安之途次而滯留於汴

之客舍者。卽就 Reinaud 譯之 Relation des Voyages 觀，航渡至南方之中國貿易港之阿剌伯商人，其向長安者不少。果若以此爲例，想像永平有蕃商來往，豈非近於無意義乎？

丙、宋慶禮於柳城招輯之商胡，與分遣至安祿山諸道之多數商胡，恐係北胡。在商胡或賈胡中，既有大食波斯商人，當亦有西域南蠻之商人。且更可以北方塞外之商人加入之。若單依商胡或賈胡，卽認爲大食波斯之蕃商，未免速斷，藤田君一面認定於商胡中有如回紇人或突厥人等之塞北商賈；（大正五年六月之『史學雜誌』五七頁）一面復依商胡在唐代之言語用例，斷言爲西域胡人之商賈（同上五五頁）其後更定賈胡限於大食波斯商人之解釋；（同上三八頁）豈不自相矛盾乎。據『通鑑』唐紀四十一，代宗大曆十四年（七七九）所記：

詔回紇諸胡在京師者，各服其服，無得效華人。先是回紇留京師者常千人，商胡僞服而雜居者又倍之。縣官日給饔餼，殖貲產，開第舍，市肆美利皆歸之。日縱貪橫，吏不敢問。或衣華服，誘取妻妾，故禁之。

此商胡，自係指回紇之商人者。又唐李肇『唐國史補』卷下中：

回鶻常與摩尼議政，故京師爲之立寺。（中略）其大摩尼數年一易，往來中國。小者年轉江嶺。
〔長安〕西市商胡橐其生源，於回鶻有功也。

與『新唐書』卷二百十七上之回鶻傳所載：

摩尼至京師。歲往來西市商賈頗與囊橐爲姦。

蓋所謂商胡者，不外卽回紇（回鶻）之商賈。更觀『通鑑』唐紀三十五，肅宗至德二載（七五七）一條中：

河西兵馬使蓋庭倫與武威（甘肅省甘涼道武威縣）九姓商胡安門物等殺節度使周祕。

在此明指九姓胡之商賈曰商胡。又『通鑑』唐紀四十二，德宗建中元年（七八〇）記曰：

代宗之世。九姓胡常冒回紇之名。雜居京師。殖貨縱橫與回紇共爲公私之患。

所謂九姓胡者，亦係指稱逗留長安之商胡。按此九姓胡，與 Orkhon 碑文之 Tokuz Oghuz，又 Ibn Khordâdbeh 或其他回教徒地理書中所載之 Tagozgaz，成爲對比，學界已無異議。然關於九姓胡之內容甚乏一定。據同僚羽田君之研究，（大正九年一月之『東洋學報』所載「論九姓

回鶻與「Toquz Oruz 之關係」一）稱爲九姓胡者，至少有（a）以鐵勒爲主體者，（b）以回鶻（回紇）爲主體者之區別。在此引用之九姓胡，當視作爲鐵勒。

總而言之，依據以上之引證，已頗明瞭，若單爲商胡，卽斷爲西域商賈，或大食波斯商賈是所不能。因之，藤田君對於宋慶禮招輯商胡於柳城，遂想像爲大食波斯之商賈，更因永平接近柳城，而又想像永平有此等商賈之來往，是不啻以想像築於想像之上，宜其難以憑信也。

（六）揚州說　關於揚州在唐代有大食波斯商賈來往營業之事，得明顯引證之。在『新唐書』卷百四十四田神功傳中，記載田神功之部兵，於肅宗上元元年（七六〇）劫掠揚州之情形：

〔田〕神功兵至揚州，大掠居人。（中略）大食波斯賈胡死者數千人。

由此可以推知當時居留揚州之西域蕃商甚多。（參看大正四年十月之『史學雜誌』一五頁。）又文宗太和八年（八三四）之上諭，記有：

南海蕃舶，本以慕化而來，固在接以仁恩，使其感悅。如聞比年長吏多務徵求，嗟怨之聲，達於殊俗。（中略）其嶺南福建及揚州蕃客，宜委節度使常加存問。（中略）任其來往通流，自

爲交易。（『全唐文』卷七十五）

在此蕃客中，自不得不認有大食波斯之賈胡在也，職是之故，唐代揚州之波斯胡店，往往見於稗史小說中，（參照明謝肇淛之『五雜俎』卷十二）鑑真航渡日本之際，在揚州販買麝香，沈香，龍腦，安息香，薰陸香，畢鉢，訶犂勒，胡椒，阿魏等西域南洋之物產頗多，由此等事實論，可以證明玄宗時代，揚州之外國貨物市場，已極繁昌。此等蕃貨，購自波斯胡店，亦未可知。

唐時有揚一之諺。（參看『通鑑』唐紀七十五，昭宗景福元年之條）不稱富庶，不言繁華，乃揚州爲天下第一之意也。尤其是歌舞管絃之歡樂境，聞於當時。推稱爲中山名娼，邯鄲美姬，或北方、美人之產地者，乃漢魏以前之事，至在唐代一般所知者，以揚州地多美人。豪富之外國蕃商，耽於此地折花攀柳之游者，固在意料中。與白樂天略同時之唐詩人崔涯，曾作關於揚州花柳界之詩甚多，就中嘲妓一首有曰：

雖得蘇方木。猶貪玳瑁皮。懷胎十個月。生下崑崙兒。（縮印全『唐詩』卷三十二諧謔二）

在此足證揚州娼女與崑崙商賈關係，而貪取其由南洋販來貨物之蘇方——爲馬來語 Supang

之譯音——與玳瑁。此亦可認爲當時蕃商集於揚州之一證據。唐末五代時之 Abou zeyd 曾述中國之娼女，常好與新到之外國人接近。(Reinaud; Relation des Voyages Tome, P. 71) 蒙古時代之 Marco Polo 亦言中國娼女巧媚，長於誘惑。(Cordier; Yule's Marco Polo. Vol. II, P. 203)。凡此俱與崔涯之嘲妓詩，互有關係之史料也。

（八）根據各港距離之航程而評 Kantou 各說之優劣

（D）據 Ibn Khordâdbeh 所記，由 Khanfou 北行八日至 Djanfou，由 Djanfou 更費六日航程抵 Kantou。因此，由 Khanfou 至 Kantou 之海上距離，當在十四日航程以內。若於中間之 Djanfou 不停泊，而直接由 Khanfou 開抵 Kanfou 時，其距離當能縮短若干，約計十三日之航程即可。按 Khanfou 之所在，既已確定在廣州，——在關於本問題之諸學者中除 Richthofen 一人外，其他俱承認 Khanfou 廣州說——若能判明一日之航程，則其必然的結果關於 Kantou 之所在，當亦大概能決定之矣。然海程不若陸路，其測定距離，甚感困難。是以從來學者，摯實研究此條件者頗鮮。以此航程日數爲決定 Kantou 問題之一條件者雖多，然俱不過漫然利用之。若

既利用此條件，則今有比較精密考慮之必要。

藤田博士畢竟注意此點，引據南宋初期姚寬『西溪叢話』之記載：

有自膠水鎮。三日而抵明州定海者。

自山東膠州附近至浙江明州（會稽道鄞縣）之距離，指爲三日航程，以此作大體之標準。（大正五年六月之『史學雜誌』四九頁）但關於 Kantou 問題所必要者，非中國海舶之速力，乃回教國海舶之速力也。按中國與回教國之海舶構造大有不同，前者鈍重堅牢，而後者輕快脆弱。（參看 Reinaud; Relation des Voyages. Tome I, P. LXV-LXVI, LXXVIII 及大正五年七月之『史林』一六至一八頁）因之，亦難認其航海速力相同。Ibn Khordadbeh 上所記之航程，當係以回教國海舶之速力爲標準，故覺藤田君對於應用中國海舶速力之企圖，稍有不合理之感。況膠明二州間之爲三日航程等者，毋寧爲中國海舶速力之異常情形，難信其能爲一般之標準也。

Sprenger 根據 Edrisi，主張當時海路之一日航程爲百四海里(Meilen)，即相當一時間之

航程爲四海里，謂此近於帆船平均之實際速力。(Die Post und Reiserouten des orients. S. 83 至 84)。試就問題之 Ibn Khordâdbeh，調查其一日之航程時，由印度海岸之 Sandân (Bombay 附近)至 Balynn (Comorin 岬附近)爲七日航程。若依現在 Bombay 與 Comorin 岬之距離爲七百二十海里，則平均一日航程當爲百三海里。又自波斯灣之 Ormuz 至印度河口(Mündung des mihrân)之距離，約計七百七十海里，而 Ibn Khordâdbeh 以其間爲十五日航程強，惟據 Sprenger 之考定，此十五日之航程，乃七日半航程之誤。(Die Post und Reiserouten des orients. S. 83 至 84)。苟依照 Sprenger 之考定，則一日航程應爲百三海里弱。

按一日航程之百海里強，雖不得謂爲絕對的正確，惟至少比較藤田博士之標準遙爲可信。今姑以一日航程百海里強爲標準，由 Khanfou 北航十三四日——如停泊中間之 Djanfou 時，需費十四日，而假定不停泊時，可縮短一日航程，則爲十三日航程——抵 Kantou，則不得不認爲北距廣州——一般擬定爲 Khanfou ——千三百海里強乃至千四百海里弱之位置矣。茲以由廣州至從來擬定 Kantou 之諸港的距離，開列如左：

由廣州	至杭州	九〇〇海里
	至揚州	一一五〇海里
	至江州	一四〇〇海里
由廣州經 Djanfou	至膠州	一三〇〇海里
	至萊州	一七五〇海里
	至永平	二〇〇〇海里弱

〔備　考〕

(1)此里程大概係參考 Philip 之 Mercantile Marine Atlas 及 Madrolle 之 Chine du Sud 及 Chine du Nord 等書而算出者。

(2)Philip 或 Madrolle 皆以香港爲基點，惟在此加算香港廣州間之距離約八十海里，而定廣州至諸港之距離者。

(3)至揚州之距離，大概以至鎭江之距離爲標準；至萊州之距離，大概以至煙台之距離爲標準；至永平之距離，大概以

至天津之距離爲標準而算出者。是以關於揚州萊州永平等之距離，似不得謂爲絕對正確，惟就大體言，尙足憑信。

(4)Richthofen 以第三港之 Djanfou，大體擬於杭州，更以是爲基點，而定 Kantou 之位置；石橋博士及藤田博士爲熱中主張 Djanfou 揚州說者，以此 Djanfou 爲基點而計算向 Kantou 之距離。因之，在膠州萊州永平之情狀下，當特加經由 Djanfou 之航程。若是，則 Khanfou Kantou 間之距離，正爲十四日之航程，約當千四百海里強。

將以上所述之距離，與 Ibn Khordâdbeh 之航程對照，則此等諸港擬定 Kantou 之適否，次第明瞭。其所得結果，應如下表：

	港名	至廣州之距離	據 Ibn Khordâdbeh 所記之航程，推測 Khanfou, Kantou 間之距離	差
1	江州	1400 海里	十三日航程， 1300 海里強	100海里弱
2	膠州	1300 海里	十四日航程， 1400 海里強	100海里強
3	揚州	1150 海里	十三日航程， 1300 海里強	150海里強
4	萊州	1750 海里	十四日航程， 1400 海里強	350海里弱
5	杭州	900 海里	十三日航程， 1300 海里強	400海里強
6	永平	2000 海里弱	十四日航程， 1400 海里強	600海里弱

由是而觀，擬 Kantou 爲江州膠州揚州，並無特別障礙，惟萊州杭州尤其是永平之擬 Kantou，似甚感困難。

對於距離問題之研究，除 Khanfou 與 Kantou 之航海日數外，中國全海岸線之延長里程，亦當合併考慮之。藤田博士以及從來之學者完全忽視此點者，誠覺不可思議。卽根據 Ibn Khordâdbeh 所記由近於中國南端之 Almaid 迄至其北端國境計其全體海岸線，約需兩月航程。按 Almaid —— 在 De Golje 書上作 Armâbyl —— 一地名，在 Ibn Khordâdbeh 以外之地理書中，不易見及。惟據 Edrisi 在 Senf 海（卽占婆海）北端有 Almaid 島，由中國前往，相隔海程四日，聞該島人民，異常類似中國人(Jaubert; Géographie d' Edrisi. Tome I, P. 89) 再由 Almaid 島至東方 Sandji 島（卽中國島），言其距離爲三日航程弱。（同上 Tome I, P. 95）然所謂由中國往相隔海程四日一語，—— éloignée (de la Chine) de 4 Journées de navigation 其意稍感曖昧，Sandji 島之所在若仍不明瞭，則據 Edrisi，自難指定 Almaid 之確切位置。大略言之，此島近於中國與占婆之國境，卽在中國之極南端近處，固不容疑慮者。Rei-

naud 等，曾以 Almaid 擬定爲 Cochinchine 地方。(Relation des Voyages. Tome II, notes 70 及 Livre des merveilles de l' Inde. Tome II, P. 255)要之，由南方 Almaid 至中國北端之距離，計程二月，直可認爲中國海岸線之全長也。(Sprenger; Die Post=und Reiserouten des orients. S. 83)

現在中國海岸線之全長，若將小有出入者加算，約達四千五百英里以上，至五千英里（Richard; Comprehensive Geography of the Chinese Empire, P. 239）苟再加上安南所屬之海岸線，則唐代中國之海岸線，計達五千五百英里，此數略與 Ibn Khordâdbeh 所記之二月航程相一致。此種偶然的一致，概有參考之價值也。

據 Ibn Khordâdbeh 所記，由 Senf 占婆至 Loukîn(el-wakîn)之海路距離爲百 farsange，約當四百海里。(Hartmann; Encyclopaędia of Islâm. Vol. I, P. 841 B) 假若中國之南端在 Senf 與 Loukîn 之中間，換言之，卽在距離 Loukîn 南方約二日航程之處，而 Almaid 島若在中國南端之國境約四日航程時，則 Almaid 至 Loukîn 之最大距離，約需六日之航程。苟計

算 Almaid 至 Loukîn 之距離卽爲六日航程，則 Almaid 與北方 Kantou 間之最大距離，應爲下列之約二十四日航程：

由 Almaid	至	Loukîn	之距離	5日航程
由 Loukîn	至	Khanfou	之距離	4日航程
由 Khanfou	至	Djanfou	之距離	8日航程
由 Djanfou	至	Kantou	之距離	6日航程
計由 Almaid	至	Kantou	之距離	24日航程

計中國南北海岸線長度，約需二月航程，而 Kantou 由接近中國最南端之 Almaid 起算，約需二十四日之航程——此航程與海岸線之情形比較，應延長若干——已如上述，則以 Kantou 擬定在中國中央之江蘇浙江地方，當爲最妥當之斷案也。以 Kantou 求於北方之膠州萊州地方，固已覺困難，而復擬定 Kantou 在中國極北之永平，自然更難成立矣。藤田君以 Kantou 不得不擬在中國極北海港之主張（大正五年六月之『史學雜誌』四四頁及五一頁）實難憑信。

卽從此點考察，Kantou 揚州說較之 Kantou 永平說，亦遙覺有力焉。

吾輩始仿前賢主張，以此距離問題，爲決定 Kantou 位置之一條件，實則此條件，似不應如此重視。第一；由 Loukîn 至 Kantou 之航海日數，異說頗多。在根據 Ibn Khordâdbeh 之 Edrisi 中，明認 Khanfou, Djanfou 間之距離爲三日航程而非八日。(Jaubert; Géographie d' Edrisi, Tome I, P. 85)。復據 De Golje 書，Djanfou——在 De Golje 之書上，以 Djanfou 作 Khandjou——Kantou (Kançou) 間之距離爲二十日航程，而非六日。(Cordier; Yule's Cathay, Vol. I, P. 136 及 Encyclopaedia of Islâm, Vol. I, P. 841. B) 關於此種航程日數之是非問題，一時實不容易解決。日數既無法確定，則據此距離以決定 Kantou 之位置，自亦不可能矣。吾輩暫且信任 Barbier de Meynard 書上之航程日數，而討論其距離時，猶覺 Kantou 揚州說比較有力，在此祇闡明之，以與以上之積極主張相吻合而已。

(九)根據 Kantou 居臨河流之大小與有無而批判各說之優劣

(E)據 Ibn Khordâdbeh 所記之 Kantou 港，居臨可航海船之大河。(Sprenger; Die

Post—und Reiserouten. S. 83 及 Encyclopaedia of Islan Vol. I, P. 841, B.）按杭州面臨錢塘江，揚州及江州所臨之長江，（揚子江）俱爲能航海舶之大河，惟膠州萊州永平等，鄰近無此類大河。因之，由此點觀察，彼等實無擬定 Kantou 之資格。先述萊州既不見有可注意之河流。至於膠州之膠河，亦非航行海舶之大河，無待贅言。惟永平之灤河，雖有較大之河流，但以之航行海舶，終屬難能。吾輩爲此曾懇託服務於南滿鐵道會社教育研究所專攻此方地理之田中秀作學士，從事灤河之調查，其答覆如下：

（1）在永平碼頭處，測量灤河之水深，卽在降雨時期，亦不過十二三尺。

（2）灤河由河口經永平，有時舟楫可通至承德（熱河）附近，但此爲牛槽船，長不過二丈，闊不過八尺之小舟。且泝流時，此種小舟，猶需由兩岸繩拉之。可知其終難使海舶自由出入也。

再據中華民國屠寄之『中國地理教科書』卷三所記：灤河縱貫其間。（永平府）水自高地陟落。湍急如矢。行舟甚難。其與田中君所調查者，甚相一致。苟無特別證據，則唐代灤河之狀況，當與今日無大差異。

士曰：

主張永平說之藤田博士，雖努力辯說往古之灤河，可以航行海船，但此努力，近於徒勞。藤田博士雖主張其得航行海船，但迄未提供確證。

蓋由海口起，至少至平州或其所轄之馬場（城？）止，可視作當時得以出入海船者。（大正五年六月之『史學雜誌』六二頁）

誠然，根據『元史』河渠志，在元時曾企圖利用灤河以開漕運。又據『永平府志』，在明代之學者中，亦有主張灤河開漕者。然二者俱未見實行，縱令漕運已築成，亦不過使用一種輕快之漕船，而不適於海船也。要之，就此等事實論，難認灤河有可航海船之證據。

加之，藤田博士關於灤河之議論，尤多誤謬。例如以古之濡水，金元人訛爲今之灤河一節，（大正五年六月之『史學雜誌』五八頁）明爲臆說。『舊唐書』薛訥傳（卷九十三）『新唐書』地理志（卷三十九）俱有灤河，且唐初『括地志』亦已明記灤水矣。（參考『元和郡縣補志』卷三）蓋濡水之爲灤河，乃唐以來之事，（『承德府志』卷十五）其非金元人之訛傳明甚。

藤田博士復根據宋姚寬『西溪叢語』云：

聞登州竹山駞基諸島之外。天晴無雲。可遠望平州。

遂斷定平州在宋時距離海岸甚近，（大正五年六月之『史學雜誌』五八頁）實則此斷定極爲可疑。首以此處所謂平州究竟係指平州地方？抑係指平州城下？實爲疑問。苟如藤田博士所說，認係指稱平州城下者，則『西溪叢語』之記事，不足憑信矣。何則？依照藤田博士之主張，指竹山爲今日之大小竹島，駞基爲今日之砣磯島，則由今之永平府（卽平州）至諸島之距離，約達二百八十基羅米突。以如是距離之遙遠，縱令前面有若何之高山，亦絕對難望見之也。姚寬之記事，雖爲聞於有經驗之航海者，但在理爲不可能，其錯誤無疑。根據若是不可能之記事，遂斷定平州接近當時海岸，此與博士平素之治學精神，亦不相合也。因之，以平州接近海岸爲前提，更主張平州附近之灤河，可航海舶，此種想像，當爲事實上所不可能者。要之，灤河終無可航海舶之資格。故以居臨灤河之永平擬 Kantou，自覺其缺乏此種資格也。

其次，爲居臨 Kantou 之大河，有潮水之干滿關係。在 Barbier de Meynard 譯文上之

有潮水滿干，是否係指 Kantou 附近之事，不得而知。據 De Golje 之譯文：

Chacune des échelles de la Chine est située à l'embouchure d'un grand fleuve navigable qui est soumis à l'influence de la morée. (Cordier; Yule's Cathay Vol. I, P. 136)

不得不解釋爲河口相近之 Kantou，有潮水滿干之事。果此解釋正當，則距揚子江過遠而無潮水滿干影響之江州，先失擬定 Kantou 之資格。

杭州錢塘江海潮干滿之盛，聞於全國。卽在今日，杭州附近之錢塘觀潮，尙爲年中行事之一，（參看淸麟慶『鴻雪因緣圖記』第一集）無待贅述。至於揚州附近之揚子江潮的滿干，亦頗著名。據北宋『元豐九域志』卷五所載：

揚州東至海陵界九十八里。又自海陵東至海一百七里。（參看『通鑑』唐紀十九，光宅元年條中）

可知揚州在當時距離大海僅二百里餘耳。若更由地勢之變遷推斷之，在昔揚州頗近江岸，而江口

更近大海，因之海潮滿干之盛，乃無待疑慮者也。其在漢唐時代，一般俱知揚州（卽廣陵）爲觀濤名所。如西漢枚乘七發有曰：

將以八月之望與諸侯遠方交游兄弟，並往觀濤乎廣陵之曲江。（『文選』卷三十四）

又如梁陰鏗之廣陵岸北送使詩云：

行人引去節。送客艤歸艫。卽是觀濤處。仍爲交贈衢。（『江都縣志』卷四一）

皆其明證。卽唐李頎送劉昱詩，有『鸕鷀山頭片雨晴。揚州郭裏見潮生。』之句，（『全唐詩』卷五）不難推知唐中世之狀況也。

與 Ibn Khordadbeh 略同時代之李紳入揚州郭詩序中，亦有潮水舊通揚州郭內。大曆（七六六至七七九）已後潮信不通。（『全唐詩』卷十八）等語。蓋唐中世後，岸距海漸遠，揚州潮信，遂漸衰退，惟事實上，卽在宋元時代，海潮猶常侵襲至揚州附近焉。明謝肇淛『五雜俎』卷四，曾介紹『萬曆乙未（一五九五），海潮灌浸，直達維揚。』（揚州）之事。

總而言之，Kantou 居臨海舶自由出入之大河，而潮水滿干顯著者，當擬 Kantou 於揚

州或杭州，而江州膠州萊州永平等，參照此條件，終覺難擬爲 Kantou 焉。

（十）根據 Kantou 河道中有無鵝鴨等家禽而批判各說優劣。

（F）解決 Kantou 問題之第六條件，爲 Kantou 河道中棲息鵝鴨等家禽頗多一節。查 Ibn Khordâdbeh 本文，據 Barbier de Meynard 譯本，其記載如下：

on trouve dans le fleuve de **kantou** l'oie, le canard et d'autres volatiles. (J. A. 1865, P. 293)

吾輩在先年發表推敲未熟之 Kantou 揚州說時，根據此記事，主張如左：

據 Ibn Khordâdbeh 所記，在 Kantou 地方，甚多鵝鳥家鴨等禽類。在澤國之揚州，自多此等之家禽（『圖書集成』職方典卷七六三及『入唐求法巡禮行記』卷一）唐韓翃之過揚州詩中，亦言無家不養鵝焉。（大正四年十月之『史學雜誌』一六頁）

藤田博士對此非難曰：

根據 Yule 之翻譯，似無家鵝家鴨。僅言有 other wild fowl 之野禽。（中略）在 Kan-

tou 所臨之大河上，有甚多野禽浮游也。然〔桑原〕教授所引典據，實非 Kantou 爲揚州之佐證也。（大正五年六月之『史學雜誌』四二頁）

不問如何，因指法語之 canard 英語之 duck 爲鳬（野鴨）鵝（家鴨），故吾輩直認 canard 爲家鴨者，或覺不甚穩當。對於此點，應向藤田博士之非難表示感謝。然博士則相反，斷定 canard 爲野鴨，亦不敢無條件贊同其說。藤田君以 Yule 英譯之 other wild fowl 爲唯一之根據，斷定 canard 爲 wild duck，惟 Yule 之英譯，如其自身所言明者，不過係據 Barbier de Meynard 之法譯。（Cordier; Yule's Cathay, Vol. I, P. 135）在無力解釋 Ibn Khordâdbeh 原文之吾輩，當不外根據 Barbier de Meynard 之法譯而已。其法譯之 autres volatiles，不妨僅與英譯之 other fowl 相當，並不見必與 other wild fowl 相當之理由也。因之，藤田博士單以 Yule 英譯之 wild fowl 爲唯一根據，而非難吾輩時，則難認爲極有力之證據也。

曾與 Ibn Khordâdbeh 略同時代之日本慈覺大師（圓仁），於唐文宗開成三年（八三八）七月，溯大江而往揚州，將其狀況，詳載『大唐求法巡禮行記』卷一中。（『續續羣書類從』

本）其七月二十二日之記載，有白鵝白鴨往往多之句，又二十三日則謂：水路之側。有人養水鳥。追集一所，不令外散。一處所養二千有餘。如斯之類江曲有之矣。在西曆九世紀中葉之夏季——大食人航至中國方面在舊曆五月以後。——Ibn Khordadbeh 所記 Kantou 中國貿易港之情況，與同時代同時期日本慈覺大師記載揚州之情況，甚相類似。以前者之 oie canard 當後者之白鵝白鴨，以前者之 volatiles 當後者之水鳥。若此推斷有相當理由，則同時可以此事實供作 Kantou 揚州說之一條件，亦能判明也。

藤田博士以大食商賈航來時，永平附近多水禽之理由，而熱心主張永平 Kantou 說如左：

> 當時航海，夏汛則乘東南風而北航，冬汛則乘西北風而南航，此乃自然之理。是以由廣州揚州而向遼海時，當依夏汛。因此不得不在三四月之後。其時爲南來水禽北歸之時，在長江等處，已無鵝鶩等野禽。待北方河川解冰同時歸來，追逐於北航船舶之後云。然則航海者航行北方而驚異其河川之多水禽，亦非無理。（大正五年六月之『史學雜誌』六三頁。）

如是主張，終難成立。無論如何，在夏汛時期，揚州附近已不見渡鳥之影。職是之故，吾輩以上述 Ibn

Khordadbeh 之 oie 或 canard，解釋爲鶩（家鴨）家鵝也。苟爲家鴨家鵝時，則雖在夏季，亦必棲息於長江內。藤田博士以 oie 或 canard 解作野鴨天鵝，夏汛時期則遠飛北方而絕影於揚州附近，於是排斥 Kantou 揚州說同時，恃此條件，主張 Kantou 永平說，此種抹煞事實之論述，不過爲迎合自家主張，不免曲解之譏也。

大食商賈之航行於中國，當在舊曆五月以後。（參考大正五年二月之『史學雜誌』四頁及一八至一九頁）在此時期若不見揚州附近有野鴨天鵝，則永平附近當亦同樣不能見及也。吾輩對於此點，曾質問桑野（久任）學士，該氏受中國政府之聘，凡歷數年對於中國北方之動物研究，可認爲權威者。據桑野君之回答要點爲：

（1）雁鴨等渡鳥，於夏季則棲息在西伯利亞或北極地帶。

（2）此類渡鳥，在以北京爲中心之北方地域，則限於四月（舊曆三月）此後殆即不見。

由此以觀，永平亦與揚州同，在舊曆三月以後，當不見藤田博士所謂之野鴨天鵝矣。

藤田博士曾引用史實，謂遼金時代之君主，常於春日放鷹鶻，捕捉鵝雁，爲年中行事之一，遂斷

定中國北方之河道中鵝鶩羣集之證據，（大正五年六月之『史學雜誌』六四頁）其實此與本問題無直接關係，乃無謂之斷定也。誠然，遼金時代之君主游幸於北地，雖有捕捉北方鵝雁鴨等之事實，惟其時節限於舊曆二三月之交。試觀『遼史』卷三十二（營衞志中）：

春捺鉢

曰鴨子河濼。皇帝正月上旬起牙帳。約六十日方至。天鵝未至。卓帳冰上。鑿冰取魚。冰泮乃縱鷹鶻捕鵝雁。晨出暮歸。從事弋獵。鴨子河濼東西二十里。南北三十里。在長春州東北三十五里。（中略）春盡乃還。

卽可了然。惟此游獵，在今吉林方面，至遠在南方之永平附近，其鳥類之羣集，恐在舊曆二月之頃。此時大食商賈之蕃舶，當猶未來航也。按蕃舶之入泊廣州（Khanfou）港，爲舊曆五月，次第北上，到達Kantou——藤田博士之永平——時，當在舊曆五月末六月初。然在舊曆六月盛夏之頃，永平附近，何來渡鳥棲息。如何能使大食商人驚異永平河中水禽之多。由此可知藤田博士之主張，似有過於忽視事實之嫌也。

(十一)根據 Kantou 與 Sîlâ 位置關係而批判各說之優劣

(G)第七條件爲 Kantou 與 Sîlâ(新羅)之位置的關係。據 Barbier de Meynard 譯本，Ibn Khordâdbeh 中記載此兩者之位置如左：

En face de Kantou, Sélèvent de hautes montagnes, c' est le pays de Si'a où l'or abonde. (J. A. 1865. P. 264)

按 Sîlâ 一國名，由此前後，始見於回教徒之記錄中，自係指朝鮮半島之新羅國而言。(參考大正四年十月之『史學雜誌』九至一一頁)從來一般學者，俱置重此點。如 Richthofen 藤田博士石橋博士等，皆依此記事爲決定 Kantou 位置之最大條件。諸學者之解釋，據 Ibn Khordâdbeh 之記事，以爲 Kantou 之前面，有新羅國，得望見高聳之連山，故以爲 Kantou 必接近新羅國，是以置 Kantou 於山東河北方面者，要皆努力接近朝鮮半島耳。此即山東河北諸說之主要根據。現藤田博士明言之如左：

因〔Kantou〕面對 Sîlâ (新羅，)故不僅知爲山東以北之中國海港，且得想像其爲中

國極北之海港焉。（大正五年六月之『史學雜誌』四四頁）

至於內田博士，雖對 Kantou 之位置，表示躊躇，但主張必在山東半島之某一地點，（大正四年十月之『藝文』二頁）蓋不外受此事之拘束耳。

然據吾輩所知，Ibn Khordâdbeh 記事，不過言對於 Kantou 有新羅國，其地有高山聳立，且富黃金而已。查 Barbier de Meynard 之譯文，稍涉曖昧，但不如藤田君等之要求，以爲 Kantou 與新羅互相望見之密邇也。Hartmann 之譯文爲：

At the end of China opposite Kānṣū, there are many mountains and many kinges, this is the land of al-Sîlâ; there is much gold. (The Encyclopaedia of Islâm Vol. I, P. 842 A)

又 Ferrand 之譯文爲：

A l'extrémité de la Chine, en face de Kānčū (Kantou,) il y a un pays montagneux nommé Šilā, et divisé en plusieurs principautés. L'or y abonde.

(Textes relatifs L'Extrême orient. Tome I, P. 31)

參看以上二譯文，可知從來一般學者以 Kantou 前面得望及新羅國之連山之解釋，判明其不適當矣。

藤田博士對於吾輩 Kantou 揚州說非難曰：

桑原教授以揚州爲 Kantou，視作江都之譯音，如何在 Kantou 之前有大山即 Sila 國歟。此說較 Yule 氏之「或爲上海」更覺奇妙。（大正五年六月之『史學雜誌』四二頁）

惟此非難，實以由 Kantou 望見新羅國之連山爲前提而出發者，其中心之前提，對 Ibn Khordadbeh 本文有幾分誤解(?)，已如上述，是以此等非難，當無何等之效力也。

不問其爲永平萊州或膠州以及中國北方之一切港灣，欲望見朝鮮半島，俱不可能。此事 Cordier 已明言之。(Yule's Cathay Vol. I, P. 136) 其距離雖有遠近之差異，但望不見朝鮮半島則一，由此事實論，則藤田博士之主張，擬 Kantou 於永平與反對之揚州說，有何區別。

吾輩於四五年前，曾精密研究此問題，將其結果在教室發表之。理學的展望距離，假令意外短

近，例如前面有五百米突之高山，若隔海岸展望之，其最大距離，不過約八十基羅米突。千米突之高山，其最大之展望距離爲百二十基羅米突弱；二千米突之高山，其最大之展望距離，亦不過百五六十基羅米突而已。此固爲理學上之展望距離，至實際之展望距離，復係天候氣象等之關係，而有幾分短縮。然由最近朝鮮之萊州至約二百三十基羅米突之旅順口，猶難望及，何況朝鮮半島。由此可以推知永平膠州矣。藤田博士於 Kantou 永平說之主張中曾言：

由其地（永平）得遙望遼東半島，此連續於新羅。（大正五年六月之『史學雜誌』六五頁）

惟由永平至遼東半島之最近地點，其距離約達二百五十基羅米突，假使其地有如日本富士山之高山，由永平亦難望見也。然則由永平得望見遼東半島者，實奇妙之懸想，不得謂爲可能之事實焉。

設若撤去望見之條件，僅爲遙遙相對之條件時，則不問其爲揚州或杭州，俱不失 Kantou 之資格。苟一瞥現代之地圖，卽知朝鮮半島與揚子江口實爲斜對情狀。若更參考依 Reinaud 所描寫之古代阿剌伯地理學者之世界圖，（La Geographie d'Aboulféda, I. P. CCLXXX）則此方情形，益得了解。

蓋以唐宋時代朝鮮人多由海路航行於中國南部，故當時相信中國南部之揚州或明州（浙江省會稽道鄞縣）與朝鮮半島相對峙。在『通鑑』唐紀六十六懿宗咸通元年（八六〇）正月胡三省注有曰：

元和十四年（八一九）浙東觀察使薛戎奏。望海鎮去明州七十餘里。俯臨大海。與新羅日本諸蕃接界。

此爲藤田博士所已承認者，因當時此方面與新羅之交通頻繁，故信明州尤接近新羅日本焉。（大正六年五月之『東洋學報』一九二頁）又北宋程大昌『演繁露』續集卷一，高麗境望之記載：

海外行程記者，南唐章僚記其使高麗所經所見也。（中略）今觀（章）僚所書水程。乃自海萊二州。須得西南風乃行。則麗地之與中國對者。已在山東之東矣。而麗地之屬郡有康州者。又在麗南五千里。乃與明州相對。（中略）則麗之與明其斜相對值。蓋相爲東西而微並西（南？）北矣。

此亦可作當時相信明州尤近高麗（朝鮮）而相對之一證據。況新羅時代之朝鮮國都，約在半島

之南端，故其通航，自限於中國南部也。

是故唐宋時代時人皆信江浙地方與朝鮮半島相對，已述於前，則所謂 Kantou 前面有多山岳之新羅國，而以 Kantou 擬定揚州，有何不可？藤田博士所駁『若以揚州擬 Kantou ，如何在 Kantou 前面有大山而解釋其爲新羅國？』云云，遂成全無意義之非難矣。所謂揚州前面有朝鮮，較之永平前面有朝鮮，在實際上歷史上，俱覺妥當。

唐宋時代，大食商胡出行於朝鮮，徵之東西記錄，絕無可疑。愈信 Ibn Khordâdbeh 所載 Sîla 之記事，爲直接得自來往朝鮮之大食商人，謂此材料乃大食商人傳自該處居留之朝鮮人，較爲妥適也。至於 Ibn Khordâdbeh 所載 Vaquq 與 Wakwak（倭國）之記事，當亦相同，爲傳自居留 Kantou 之日本人而得之材料。果得如是推察之，則以當時日本朝鮮之學徒使節往來頻繁之揚州（參考大正四年十月之『史學雜誌』一六頁）擬定爲 Kantou ，應無妨礙。至少總勝於不能證實當時日本人朝鮮人來往頻繁之永平 Kantou 說也。

（十二）根據當時朝廷對海外貿易情況而批判 Kantou 各說之優劣

(H)最後一條件，不見於 Ibn Khordâdbeh 之本文中，惟在解決 Kantou 問題時，亦爲比較的重要條件，不可不考慮之。唐宋時代，大食商賈之中國貿易，主要是以朝廷爲對手。宋時，因外國之輸入品多歸政府專買，故外國商人之以朝廷爲對手，固不待論，至於政府之禁榷猶未舉行之唐代，外國商人當亦熱望宮廷收買也。據聞唐時外國貿易船入港後，中國皇帝因欲購買宮廷御用物品，乃派遣信任之宦官爲宮市使，對所需貨物以高於民間市價兩倍之價格購買貨物，是以大食商人俱熱望宮廷購買。(Reinaud: Relation des Voyages, Tome I, P. 35)

在此情況下，當時集合蕃舶之貿易港，一方須擇與國都長安交通便利之處，一方必選蕃商與本國往返便利之位置。同時備具此二種條件者，自屬最妥，否則亦必於二者之中擇其一。在 Ibn Khordâdeh 中所記之中國貿易港，南方之 Loukin（交州）Khanfou（廣州）等貿易港，皆在與本國往返便利之位置，而最北之 Kantou 貿易港，自宜選擇與國都交通便利之位置也。在北方之永平，固不必論，卽就萊州言，由此點考察，亦終難擬定 Kantou。何則？蓋此等北方諸港，距離蕃商本國既已遙遠而多不便，且與國都長安之交通，亦不便利，完全缺乏上述之兩種資格也。

北宋時代之國都開封，較之唐代之長安，與山東方面往來爲便利。然而北宋時代，與山東最接近之朝鮮使節與商人，猶不順便至山東而多由中國南部航行焉。北宋末朱彧『萍洲可讀』卷二中有曰：

高麗人泛海而至明州。則由二浙溯汴至都下（開封）謂之南路。或至密州。則由京東陸行至京師。謂之東路。（中略）常由南路。未有由東路者。高麗人便於舟檝。多齎輜重故爾。

按密州卽膠州，爲現今山東省之膠縣。由朝鮮至膠州之航程，比之至中國南方雖近，但以至開封之陸路不便，彼攜帶輜重行貨頗多之使節與商賈，俱以航渡至中國南部，利用運河而往開封，反覺方便。當時高麗人爲圖往來便利，於沿道設高麗亭或高麗館。關於揚州之高麗館，在『江都縣志』卷十六，內記曰：

高麗館在南門外。宋元豐七年（一〇八四）詔京東淮南。築高麗館。

近於中國北部之朝鮮人猶如此。何況遠自南海前來之大食商賈，當無特意至山東之理也。若航行於永平方面，更須由陸路往長安，終覺不近事實。

按山東海道古來卽以風濤險惡著聞，爲海師危避之所。在『通鑑』後梁紀二開平二年（九〇八）九月記閩王王審知，以避敵國，由海路入貢至上國之後梁，記其情狀曰：

歲自海道登萊入貢，沒溺者什四五。

胡三省注曰：

自福州洋過溫州洋，（中略）捩洌港，（浙江省）直東北度大洋，抵登萊。風濤至險，故沒溺者衆。

自元明奠都燕京以來，因江南糧米有集中國都之必要，故對海運尤重視。元世祖對於振興海運，費力頗多，然未見十分成功。（參考『御批輯覽通鑑』卷九十五至元十九年之記載）其最大原因，畢竟爲山東海道之風濤險惡也。又元代設立開鑿膠萊河，南北縱斷山東半島之計劃，（參考『國學叢刊』卷三、四所載『大元海運記』）亦不過欲避免此山東角之險而已。明謝肇淛『五雜俎』卷四，記萬曆二十三年（一五九五）劉炳文率領舟師由浙江海上直趨登州之經驗曰：

追思海波洶險。幾不免者數數。而茲得出苦海登彼岸。（中略）再與人間事。豈非儌天倖哉。

由此記載，可以推知此海道危懼情形之一端。況駕駛比中國船尤爲脆弱而易破壞之蕃船，冒險航於如是之山東海道中且爲無何等收益目的之萊州永平大食商胡，豈敢航行哉。然則擬 Kantou 在中國北方之膠州萊州或永平等主張，按之實際徵之記錄，終難成立，固不容有疑慮也。

是以關於 Kantou 之所在，無論如何，當於中國之南方求之。而在南方之揚州江州杭州之中，與唐國都之長安交通便利者，首先當推揚州。唐代供給長安需要之糧米百貨，殆皆經歷揚州而往。如代宗寶應二年（七六三）度支鹽鐵轉運使劉晏致宰相元載書中有曰：

浮於淮泗，達於汴，入於河。西經底柱、硤石、少華。楚帆越客，直抵建章（宮）長樂（宮）。此安社稷之奇業也。（『唐會要』卷八十七）

夫揚州立於橫有長江縱有運河之交叉點，實當天下要衝，又爲國都長安之咽喉焉。其在中村（久四郎）學士之近著「廣東之商胡及連絡廣東長安之水路舟運交通」（大正九年六月之『東洋學報』所載）一文中，對於此方情事，亦有委曲詳盡之記載。

『唐書』卷九十一李襲譽傳中有曰：

> 揚州江吳大都會。俗喜商賈。

又同書卷百二十五之蘇瓌傳中亦言：

> 揚州地當衝要。多富商大賈。

由此可知揚州在當時實佔商業之中樞。又在『唐會要』卷八十六所載代宗大曆十四年（七七九）七月發布之禁制中，曾有：

> 令王公百官及天下長吏。無得與人爭利。先於揚州置邸肆貿易者罷之。

之句，得察知當時揚州爲利權之淵藪。北宋沈括亦言：

> 自淮南之西。大江之東。南至五嶺蜀漢。十一路百州之遷徙貿易之人。往還皆出揚州之下。舟車日夜灌輸京師者。居天下十之七。（『輿地紀勝』卷三十七）

惟此猶爲揚州衰退之宋朝事跡，其在唐代，當更較此繁昌數倍也。然則秉貿易之目的而遠航至中國之大食商賈等，因朝廷購買其蕃貨，或零賣其殘餘於民間，而首先集合於揚州者，乃自然之理。就此點考察，擬 Kantou 於揚州，較之江州杭州爲妥者，乃自然之歸趨也。

（十三）綜合以上各條件而主張 Kantou 揚州說

吾輩以解決上述 Kantou 問題，當參照八項之必要條件，用以比較見於從來學界中之Kantou 諸候補地之適否。其結果，得表如左：

條件＼候補地	揚州	永平	膠州	萊州	江州*	杭州*
(1) 名稱之適否	最適	最不適	不適	不適	稍不適	稍不適
(2) 產物之適否	最適	最不適	不適	不適	適	適
(3) 記錄上證據之有無	最適（有）	不適（無）	不適（無）	不適（無）	不適（無）	不適（無）
(4) 距離之適否	最適	最不適	稍適	不適	不適	稍適
(5) 有無可航海舶之大河	最適（有）	不適（無）	最不適（無）	最不適（無）	稍適（有）	最適（有）
(6) 水禽之多少	最適（多）	?	?	?	?	?
(7) 與朝鮮半島之位置的關係	適	稍適	稍適	適	不適	適
(8) 與國都交通之便否	最適（便）	最不適	不適	不適	稍適	適

〔備　考〕

(1)以對於條件之資格別爲最適，適，稍適，稍不適，不適，最不適之六種。稍適與稍不適之區別，不足特別重視。

(2)曩已言之（大正八年十月之『史學雜誌』三十九頁）江州說之主張者 De Goeje 氏與杭州說之主張者 Hartmann 氏，因未發表其理由故本文對此二地之批判，輙輙放過。

(3)第四之距離問題，及第七之與朝鮮半島之位置問題，前已言之，此二問題，非特別重要之條件。

(4)因材料不足或因時間不夠與調查不齊全之諸項，特加疑問之符號。調查雖不齊全，但對本論文之結果，應無特別重大影響。

據是而觀，Kantou 揚州說爲最有力而 Kantou 永平說爲最薄弱，誰人俱難否認。今後若不能發見特別的新材料，則 Kantou 揚州說，殆爲不可變動之鐵案矣。按此 Kantou 揚州說之尤當注意者，不問其他貿易港之位置如何，完全獨立而具有確實之根據者也。因此，即使第三之 Djanfou 位置有移動而 Kantou 揚州說之基礎，亦不因此發生任何搖動也。

（十四）關於 Djanfou 港之各種主張

如上所述，既以第二貿易港之 Khanfou，決定於廣州，以第四貿易港之 Kantou，決定於揚州矣，則必然的結果，在其中間之第三貿易港 Djanfou，不得不擬定於浙江福建方面也。況文宗

太和八年（八三四）之上諭（卽與 Ibn Khordâdbeh 略爲同時代之上諭），舉述當時南海蕃客集合之土地，業已明指嶺南福建及揚州，故 Djanfou 應於福建方面求之。

茲依次將從來東西學者所發表 Djanfou 之主張，簡單介紹如左，並擬綜合之而略加批判。其異說雖不若 Kantou 說之多，但至今猶未見有確切之歸嚮，此與 Kantou 相異者也。

（1）建昌說　最初法譯 Ibn Khordâdbeh 之 Barbier de Meynard，曾於其譯文 Djanfou 之下，加注 Khan-djeu-fou 一名。(J. A. 1865. P. 292) 此 Khan-djeu-fou 恐係指稱 Ibn Batûta 之 Kanjanfu 者。而 Yule 氏則以 Kanjanfu 擬定在江西之建昌府。(Cordier; Yule's Cathay, Vol. IV, P. 126 至 127) 若果如此推察，Barbier de Meynard 以 Djanfou 欲擬定在建昌府時，則終難成立也。蓋根本建昌府之位置缺乏 Djanfou 之一切條件，固不必事事而評其適否。

（2）杭州說　Klaproth 之 Khanfou 杭州說，曾爲學者所尊重，至於 Djanfou 杭州說，絕少成立之餘地。明顯主張 Djanfou 杭州說者，爲 Sprenger 氏。(Die Post-und Reiserouten S. 90, 91）例如 Richthofen 一面容認 Khanfou 杭州說 (China. Bd. I, S. 570) 而一面復承認

Djanfou 杭州說，是以其議論甚曖昧而不徹底。(China, Bd. I, S. 575, 576) 彼以 Ibn Khordâdbeh 之 Djanfou 為 Ganfu，認為與 Soleymann 之 Khanfu 及 Marco Polo 之 Ganpu 係同一地方之傳訛，然其 Ganfu (Djanfou) 杭州說之薄弱，殆無駁擊之價值。Ibn Khordâdbeh 之 Djânfou, Sprenger 氏雖認為 Ǵanfu，但決不寫作 Ganfu。蓋 Richthofen 毫不顧慮 Ibn Khordâdbeh 之原文，專依 Sprenger，而改 Ǵanfu 為 Ganfu 者。若推測果是，則其粗率，殊屬可驚。要之，第一：杭州在唐代無蕃商來集之證據。第二：杭州之名稱與 Djanfou 不類。苟由以上二點考察，Djanfou 杭州說，已不足憑信矣。

(3)揚州說　吾輩若記憶無誤，則 Djanfou 揚州說之始唱者，當為 Yule 氏。(Cordier; Yule's Cathay, Vol. I, P. 136) 按 Richthofen 氏一面主張 Djanfou (Ganfu) 杭州說，而一面對於 Djanfou 揚州說，亦表示有幾分容認之傾向。(China, Bd. I, S. 576) 總觀 Richthofen 氏對於 Ibn Khordâdbeh 所記中國貿易港之考定，俱極曖昧不妥。至於日本石橋博士亦為熱心 Djanfou 揚州說之主張者，(明治三十四年十一月之『史學雜誌』六一至六三頁) 承其後者

之藤田博士以反對吾輩 Kantou 揚州說之意義，頑強維持 Djanfou 揚州說焉。（大正五年六月之『史學雜誌』四一至四三頁）

然此 Djanfou 揚州說絕對難以成立。何以故?蓋既已確立上述之 Kantou 揚州說，具有不移之鐵證，則以距離 Kantou 南方數日航程之 Djanfou，擬定在同一之揚州，自屬不能。吾輩在此僅簡單申述 Djanfou 揚州說難以成立之理由，至於委細的批判，擬於對藤田主張評論時發表之。

（4）泉州說　按 Djanfou 泉州說乃一九一三年 Hartmann 氏所始創。據其主張，Khāndjū——彼所據之原本，Djanfou 寫作 Khāndjū——爲 Djānfū 之誤，而 Djāndju 爲泉州之譯音也。若是，則與南方貿易港之 Khāndjū（廣州）或北方貿易港之 Kānṣū——如曩所介紹者，Hartmann 氏以 Kānṣū（Ḳantou）擬於浙江之杭州——於距離位置等關係皆無難解釋之云云：(The Encyclopaedia of Islâm, Vol. I, P 842) 然而氏直認 Khāndjū（即 Djānfou）爲 Djanfou 之誤，多少不免獨斷之嫌。其難信在以 Kānṣū（Kantou）爲杭州者之上，倘以此爲前提，則 Djāndjū 泉州說之基礎，亦必隨之而動搖矣。要之，其行論雖可而缺陷尚多也。

依此批判，是從來諸說俱難認爲有力。但吾輩自身主張，亦以 Djanfou 擬泉州，雖結局與 Hartmann 所說相同，而理由則大異。吾輩茲以 Djanfou 泉州說之根據，分列以下數項申述之：

（A）泉州地方之物產與 Djanfou 一致

據 Ibn Khordâdbeh 所記，Djanfou 地方產生小麥，大麥，米及甘蔗等物。查泉州物產，正與之相同。『福建通志』及『泉州府志』皆謂泉州物產有大麥，小麥，甘蔗及各種稻米。卽在近時外國人之調查書籍中，亦見有同樣之結果。(Richard; Comprehensive Geography of the Chinese Empire, P. 221. 東京地學協會編『中國中部及南部』三二三至三二四及三四〇頁）就中如糖由唐代以前，卽爲今泉州附近之產物而被販賣於各方，泉州之糖壺，糖商，早已著聞於天下。

據 Ibn Khordâdbeh 所記，在 Khanfou, Djanfou, 兩地俱產菓實野菜，而事實上廣東與包含泉州之福建，卽在今日，猶以菓實之豐富著聞於全中國焉。（參看東亞同文書院編『中國各省全誌』卷十四『福建省』五九一頁以下）至於野菜，亦有多種多樣。（『重纂福建通志』卷五十九）然則泉州所有之物產，不得不認與 Djanfou 全然一致矣。

（B）泉州之位置與 Djanfou 無特別差異

由揚州至泉州之距離，共約七百七十海里，計航程約需七日有半。而以 Kantou（揚州）南距六日航程之 Djanfou，擬之於泉州附近，當無格別的差異。惟泉州距廣州約為四百二三十海里，若以泉州當 Djanfou 時，則對於 Khanfou（廣州）Djanfou 間相距八日航程一點，頗難解釋。苟僅就此點考察，似覺以北距泉州百五十海里之福州地方擬 Djanfou，更為適妥矣。然如曩於 Kantou 中所述，此等距離問題，不足重視。蓋以原文多矛盾，無所適從。且如明據 Ibn Khordâdbeh 所記之 Edrisi 為八日航程，乃實為三日。(Jaubert; Geographie d'Edrisi, I. P. 85) 若果為三日航程時，則與廣州泉州間之四百海里餘，漸趨一致。要之，此條件不足為 Djanfou 泉州說之積極保障，吾輩不過依照順序，一論此條件而已。

（C）泉州之地形與 Djanfou 相一致

據 Ibn Khordâdbeh 所記，Djanfou 面臨大河。按泉州之臨晉江，距海口僅七基羅米突。在今日之泉州港，雖因流沙沈澱而致淺狹，但在以前，遙為廣闊且深邃，當時有幾多之大艦巨舶得停泊

，附近於城旁此爲踏查實地之學者所保證者。(Arnaiz et max van Berchem; Mémoire sur les Antiquités Musulmanes de Ts'iuan-tcheou. Toung Pao. 1911, P. 682) 宋元時代，泉州一，名 Zaitûn 爲回教徒所稱。按 Zaitûn 城在與 Zaitûn 同名之河口。此 Zaitûn 河，卽指晉江也。可知事實上，宋元時代航行至泉州之外舶俱停泊於晉江。（大正五年二月之『史學雜誌』一頁及六至七頁）依宋元情況以推測唐代 Djanfou 所臨之大河，不外係指晉江而言也。晉江在中世時代西方各國民間信認爲實際以上之大河。其在 Marco Polo 或 Ibn Batūta，俱明言此晉江爲大河也。(Cordier; Yule's Marco Polo. Vol. II, P. 242, 243) 苟就泉州面臨被稱爲大河之晉江口，感受海潮之影響，海舶之出入自由等點觀察，實與 Ibn Khordâdbeh 之 Djanfou 所要求之地形甚爲一致。

（十五） Djanfou 泉州說在記錄上之證據

(D)在業已再三介紹之唐文宗太和八年（八三四）詔書中，舉述當時蕃商集會之土地爲嶺南，福建，揚州。至於略爲同時代之 Ibn Khordâdbeh 記錄中，舉述大食商人航渡之中國貿易港

爲 Loukin, Khanfou, Djanfou, Kantou 之四港。將此東西史料相互比較時，則自然的結果，前者之嶺南，福建，揚州，應認爲與後者之四貿易港相同。事實上迄至今日研究之結果，Loukîu（交州）Khanfou（廣州）二港，屬於嶺南。再據吾輩此次研究 Kantou 揚州說，概亦確立。至其剩餘之 Djanfou 港，無論如何，不得不擬之在福建地方矣。此實 Djanfou 泉州說之無上強烈主張也。按福建除泉州而外，固然復有福州漳州，縱令 Djanfou 確實屬於福建，亦難直認 Djanfou 即在泉州，當有如是主張者。然福建之泉州，似爲極早南海蕃客所開設者。（大正四年十月之『史學雜誌』一八頁）

根據中國回教徒所傳，唐初回教徒初布教於廣州泉州揚州三處。依吾輩所知，此傳說始見於明何喬遠『閩書』卷三七方域志中，其原文如次：

（前略）門徒有大賢四人。唐武德中（六一八至六二六）來朝。遂傳教中國。一賢傳教廣州。二賢傳敎揚州。三賢四賢傳教泉州。卒葬此山。（靈山）然則二人唐時人也。

按此傳說，固不得就此信認。然在此中國最初之布教地域中，關於舉述揚州一節，當有特別注

意之價值。蓋揚州在唐代最爲繁華，尤以中世爲盛，迄至唐末始衰。『通鑑』唐紀卷七十五，景福元年（八九二）載：

> 先是揚州富庶甲天下。時人稱揚一益二。及秦（彥）畢（師鐸）孫（儒）楊（行密）兵火之餘。江淮之間。東西千里。掃地盡矣。

又『舊唐書』卷百八十二，秦彥傳中有曰：

> 江淮之間。廣陵（揚州）大鎮。富甲天下。自（畢）師鐸，秦彥之後。孫儒（楊）行密繼踵相攻。四五年間連兵不息。廬舍焚蕩。民戶喪亡。廣陵之雄富掃地矣。

此後由五代經北宋，雖恢復幾分，然唐代之盛況，遂不復見。關於此事，南宋初期之洪邁，曾明白言之：

> 唐世鹽鐵轉運使在揚州。盡斡利權。判官多至數十人。商賈如織。故諺稱揚一益二。謂天下之盛揚爲一而蜀次之也。（中略）自畢師（鐸）孫儒之亂。蕩爲丘墟。（中略）本朝承平百七十年。尚不能及唐之什一。今日眞可酸鼻也。（『容齋初筆』卷九，唐揚州之盛條）

蓋其末句，係指言揚州在南宋初期受金軍蹂躪燒夷之事實。是以自南宋迄元代，揚州之繁華，卒不

得與蘇州杭州相比擬。引據西曆十四世紀初期之 Aboulféda，目擊揚州 (Yandjoû) 之人所言，謂其街市多廢墟，街市幅員劣於 Khansâ 杭州。(Guyard; Géographie d'Aboulféda. Tome II, 2, P. 123) 與此略爲同時代 Marco Polo 之 Yanju 記事 (Cordier; Yule's Marco Polo Vol. II, P. 154) 與 Odoric 之 Iamzai 記事 (Cordier; Yule's Cathay, Vol. II, P. 209) 雖略傳揚州之繁華，且有若干耶穌教徒居住於此，但其繁華，較之杭州，大相逕庭，且如杭州又未明記回教徒之居住。稍後至 Ibn Batûta 則記泉州杭州有許多回教徒居住，且自杭州至大都 Khānbāliq 之運河沿岸，——包括揚州——有無定住之伊斯蘭教徒。(Cordier; Yule's Cathay, Vol. IV, P. 137)

依右述事情，若曩之傳說，起於宋末元初，則必舉述廣州泉州與杭州，而不加入揚州。然中國之回教徒，最初布教地，則捨杭州而舉揚州，苟由此點考察，是此傳說，其起於北宋時代歟，或起於唐中葉以後歟。若果如此推測，以此之傳說，起源已古者，則此之傳說，已於 Khanfou 廣州說，Djanfou 泉州說，Kantou 揚州說，給以新根據矣。雖 Hirth 或 Rockhill 主張西曆九世紀或其以前，卽

有大食商賈通航於泉州，(Chao Ju Kua P. 17) 然其論據不明。吾輩根據文宗太和八年之詔，與以上嚴密批判之回教東漸古傳說，深信在西曆九世紀之中葉，泉州已成蕃客通商之埠頭矣。

在中國最初布教之廣州泉州揚州中，揚州自唐末以來，數罹兵燹，其重疊遭受的悲慘運命，爲一切中國之大都會所僅見。因此之故，時至今日，往古回教關係之遺跡，俱已完全泯滅，不得認其片影矣。反之，如泉州與廣州，則猶現存最古回教之遺跡。例如相傳廣州城內有懷聖寺，與城外所謂一賢斡葛思 (Wakkâs) 之墓，又如泉州城內有淸淨寺與城外所謂三賢四賢二人合葬之靈山。(Madrolle; Chine du Sud. P. 89, 90) 查廣州之遺蹟，固夙聞於世間，至於泉州，依 Arnaiz 及 Max van Berchem 二氏之論文(Mémoire sur les Antiquités Musulmanes de Ts'iuan-tcheou, Toung Pao 1911) 始廣介紹於近時之學界。在元代阿剌伯字之碑中文，謂此淸淨寺創建於北宋眞宗時。(大正四年十月之『史學雜誌』二十一頁) 元吳鑑淸淨寺記(『閩書』卷七所載) 則謂創建於南宋高宗時，二者雖不一致，惟此寺之存在，蓋在北宋時代或南宋之最初期，固無疑也。總而言之，此傳說之由來與此古蹟之存在，二者對於吾輩 Djanfou 泉州說之成立，當有相當之貢獻也。

(十六) Djanfou 泉州說名稱上之解釋

(K)按 Barbier de Meynard 譯本之 Djanfou，在 De Golje 譯本上作 Khāndjū。而前已介紹之 Hartmann 氏，於是以此 Khāndjū 爲 Djandjū 之訛，主張爲泉州之譯音。(Encyclopaedia of Islâm Vol. I, P. 843 A) 因阿剌伯文字之 Kh 之與 Dj 之，除點之位置有異外，形全相同，故在其他情況下，有 Kh 與 Dj 之錯誤，主張此說之學者亦有之。(Sprenger; Die Post=und Reiserouten. S. 90) Hartmann 之主張，想甚有傾聽之價值。惟吾輩已豫先聲明應根據 Barbier de Meynard 所譯，故在茲姑就 Djanfou 之地名解釋之。

日本最初與以解釋者，如石橋博士以此 Djanfou 爲揚府之譯音。按揚州在唐時爲大都督府之地，故以爲揚州或單呼揚府，而大食商人遂誤以 Djanfou 當之。(明治三十四年十一月之『史學雜誌』六一頁。) 吾輩對此解釋，一方表示相當敬意，同時不禁有若干疑惑，曾於觸及此問題時，特置其注意曰：

然 Djanfou 之音，與揚府(Yang-fou)稍覺不類。(中略) 苟欲以 Djanfou 擬定揚州，更需

進一步之研究。（大正四年十月之『史學雜誌』一六頁）

然熱心維持 Djanfou 揚州說之藤田博士排斥吾輩之注意，斷定 Djanfou 爲揚府之譯音，並無任何不適，其言如左：

〔桑原〕教授以 Djanfou(卽 Janfu)之音與揚府(Yang-fu)稍覺不類，究爲何故?按揚字音爲與章，金（余？）章移章切，與陽字同。而陽與羊爲同音，釋文中音陽。揚，陽，腸，傷，楊等字皆昜(昜?)聲也。又羊，洋，祥，詳等字，乃羊聲也。胡三省於洋州中注曰洋音祥，又如字。(『通鑑』卷二百二十三)所以揚爲 Yang 音，同時亦爲 Jang (Djang)音也。（中略）總之，揚爲 Jang (Djang)音，毋待疑慮，固不僅類似而已也。（大正五年六月之『史學雜誌』四二至四三頁）

藤田博士之此種音韻論，甚難感服。雖吾輩疊次聲明，於古代漢字音韻研究未熟，但卽用此未熟之眼光以觀藤田博士之音韻論，亦覺其不充分焉。試簡單批判其所論如左：

（a）藤田博士並未確實立證揚有 Djang 音。既不能確實立證揚有 Djang 音，則無疑爲獨

斷。吾輩迄至今日，猶未能見及揚有Djang音之確證也。

（b）不能直接立證揚有Djang音之藤田博士，從旁引出陽或羊，努力間接證明揚亦有Djang音。然此種方法，難認爲有效。若依此方法果能確定漢字音時，則幾多音韻上之不可思議者，應俱得解矣。例如龜與歸爲同音同韻，而不龜手之龜則音麇，龜玆之龜則音丘。藤田博士因此即能斷定歸亦有麇音丘音歟？

（c）藤田博士雖未明言，但其音韻論大抵係根據『康熙字典』者。在『康熙字典』卷四揚字之注爲：

〔唐韻〕與章切〔集韻〕余章切〔正韻〕移章切竝音陽

此固不待論，其意義爲依據唐代之『唐韻』乃與章切，依據宋代之『集韻』爲余章切，依據明初之『正韻』爲移章切，俱與陽字音相同。按其最後之並音陽者，實『康熙字典』作者之斷案也。又關於陽字，在『康熙字典』卷十三中爲：

〔唐韻〕與章切〔集韻〕〔韻會〕余章切〔正韻〕移章切竝音羊

而同書卷九關於羊字則爲：

　〔唐韻〕與章切〔集韻〕〔韻會〕余章切〔正韻〕移章切竝音陽

是以藤田博士認爲揚陽羊，三字音相同爲正當，決非無理。然該博士更近一步，以與羊同音之洋字，爲詳（Hsiang）音，遂斷定揚亦應爲詳音，實則完全錯誤。關於洋字，在『康熙字典』卷六中，明顯有二種區別：

　（A）〔唐韻〕與章切〔集韻〕〔韻會〕余章切〔正韻〕移章切竝音陽

　（B）〔唐韻〕似羊切〔集韻〕徐羊切竝音詳

可知洋之字音，與羊，陽，或揚，相同者，限於前項，而非後項也。然博士忽視此區別，以洋爲詳音之理由，而斷定羊，陽，揚三字亦可有詳音，實係以特種與普通或部分與全體相混之主張，其論理顯然錯誤，且亦違反『康熙字典』作者之本意也。

　按洋之爲詳音，復限於水名，州名，等特種之情形下。北宋程大昌『演繁露』卷十四洋州之解釋：

　　洋當讀如汪洋之洋。今讀如詳。莫明所起。（中略）洋揚二州聲稱相雜。豈其世人病之。而借

齊洋（山東之洋州）音讀。以加梁洋（陝西之洋州。）使有差別乎。

『通鑑』唐紀三十五，至德元載（七五六）胡三省注曰：洋州本音羊。今人多讀如祥。二者當相互發明也。果然在地名時以洋字音爲詳（或祥）者，應認爲係防止與揚州之揚相混，出於一時的便利而已。乃以唐時之洋有詳音，遂以此理由認揚州之揚音爲詳，豈非事理顚倒之尤者歟?

如上音韻論之不充分，猶不過爲枝葉問題。藤田博士將較爲重大之根本問題，亦俱遺忘矣。先是博士與白鳥博士關於貳師城問題開始論戰時，曾曰：

雖白鳥博士以貳字 Ni 之外，復有 Dji, Erh 二音，但此俱爲後世之轉音，並非元音，在此非元音問題，乃漢代之問題也。若教授提不出漢代此字音爲 Ni 之證據，則予輩不得不認此字爲而至切之音，起於漢代，與而爾耳兒等字音俱由 dji（t）或 ngi （t）之音，變化爲 Erh。要之吾輩以貳音卽在漢代想亦爲 djit 或 dit 也。（大正五年五月之『東洋學報』一九五頁）

藤田博士關於貳字音之議論，滋覺可怪，惟其以漢代之事，必需漢代之音，而謂超越時代之原音無

直接關係，此種對於白鳥博士之非難，豈非即此次揚府 Djanfou 問題，對於藤田博士自身之非難歟？根據『說文』等超越時代之揚字音而發論，與本問題甚無益。以藤田博士自己所要求之揚府 Djanfou 說，欲由音韻上成立時，當然須先解決以下三問題。

（a）應立證唐時揚字除 Yang 音外，復有 Djang 音之存在。

（b）既能立證揚字有 Djang 音後，更宜證實在揚州之揚音非 Yang 而爲 Djang。

（c）既不能立證唐代揚字音爲 Yang，亦不能立證揚州之揚爲 Djang 時，則不可不釋明大食商人訛呼揚府爲 Djangfou 之理由。

以上三問題不得解決時，則藤田博士之要求，終難成立。但此三問題，不限於藤田博士，恐不問何人，俱難解決也。換言之，即藤田博士之揚府（Djangfou）說，在音韻上終難成立也。玆舉述其簡單之理由如左：

（a）唐時之揚字音爲 Yang。揚字在『唐韻』爲與章切，惟與音係 Y 而非 Dj,（Julien; Methode, P. 231）則與章切之揚自爲 Yang 矣。在唐吐蕃會盟碑之題名中，對於戶部尚書楊於

陵，以蕃字 Ho bo shan cu Yan-yu-Lin 當之。（此吐蕃文字之 transcription，由於寺本講師之好意）揚與揚皆屬同音同韻，在『唐韻』既同爲與章切則揚之爲 Yan(g)，絕無疑義可言。若是揚之爲 Yang 固甚明白，惟揚之爲 Djang 音，想不問何人俱難證明之。

（b）縱令退讓百步，於揚字音 Yang 之外，復有 Djang 一音存在，即此一點，藤田博士之主張，當難十分成立。且藤田博士更進而以揚州之揚字非 Yang 音，必爲 Djang 音，亦應合併證之。假令揚字有 Yang 及 Djang 之二音，亦決不能謂揚州之揚，可爲 Yang 亦可爲 Djang 也。揚州一地名之爲 Yang 或 Djang，不得不決定其一。如神戶雖訓（カンミ康倍）與（カウミ考倍），但伊勢之神戶爲（カンミ康倍）而非（カウミ考倍），攝津之神戶爲（カウミ考倍）而非（カンミ康倍）也。

唐初顏師古注『漢書』茶陵，一方以茶音塗，（『漢書』卷十五上）一方復言茶音丈加反。（『漢書』卷二十八下）又元胡三省注洋州，謂洋音祥又如字（『通鑑』唐紀三十九。）然並非同時同地有兩樣之稱呼也。此因顏師古與胡三省俱未有實地之調查，僅能就

書本而並載其音耳。

唐時揚州概稱 Yang-djū，不難推測首因當時揚字音作 Yang。至時代稍遲在西曆十一世紀初期之Albîrûnî曾舉中國都市之 Yangû，(Yundjû)。(Sprenger; Die Post=und Reiserouten. S. 90) 吾輩卽指此 Yangû 爲揚州且此記事係敍西曆十世紀初半期之事值得注意者。（大正四年十月之『史學雜誌』一八頁）然則得稱爲唐末之西曆十世紀時稱揚州爲 Yangû，殆無疑義。同時，亦可推知唐時亦然也。卽在西曆十世紀後半所出之 Abûl-faradj 記錄上，亦指揚州曰 Yandjû (Ferrand; Textes, Tome I, P. 132) 又據石濱學士，在元國書官印中對於湖揚之揚之八思巴文字亦作 Yan。（大正六年四月之『史林』一三七頁）其他如元代之 Marco Polo 之 Yandju, Odoric 之 Iamzai, Aboulféda 之 Yandjoû 等，俱指揚州爲 Yandjû 得保證其無疑惑之餘地。因此，揚府（揚州）應稱 Yan(g) fou，不稱 Djanfou 也。至 Ivar Hallberg 對於揚州雖列舉 Jangug 等名稱，(L'Extrême orient dans la Litterature et la Cartographie de l'occident des XIIIe, XIVe et XVe Siécles. P. 272 — 273) 惟此時之J應從德意志流

之發音，自不得爲揚州卽 Djandjou 之證據。

（c）阿剌伯文字之 YS 與 dj 乙，有判然之區別，二者當不致相混。對揚州一音，如 Yāndjū (Abūl Fardj) Yanĝû (al-Bîrûnî) Yandjoû (Aboulféda) 等，回教徒俱用 Y 字而不用 dj 字也。

然則藤田博士之主張，揚州 Djanfou 說在音韻上，終難成立。而吾輩之泉州 Djanfou 說，較之遠覺妥當焉。苟如 Hartmann 所主張，以 Djanfou 認爲 Djandju 之誤時，則 Djanfou 爲泉州之譯音，甚易解決。想此亦確爲一說，惟吾輩姑以爲 Djanfou 無誤，而解釋爲泉州之譯音。

關於唐代之泉字音，雖乏確知之材料，惟據『唐韻』泉疾緣切，又疾字在『唐韻』爲秦悉切，則泉，秦，疾，三字之頭音相同，俱爲 dz, ds, 或 dj, 不得不認爲 Palatal sonant 也。按秦之字音，最近由 Laufer 氏以與中國國號起源問題有關，發表較爲精密之研究。其說以唐代秦之字音當爲 dzin 或 djin。（大正九年七月『史林』九四頁）唐代疾之字音，以 Yezid 對伊疾，(Bretschneider; On the Knowledge possessed by the Ancient Chinese of the Arabs, P. 9.) 以 zéreng 對疾陵，(Cordier; Yule's Cathay, Vol. I, P. 99. 及 Chavannes; Documents Sur

les tou-kiue Occidentaux P. 257）可知 z 近於（dz）。然則唐之泉音，爲 dzen，dsen 或 djen，而泉府（dzenfou）之音，頗與 Djanfou 相似矣。要之，就音韻論，泉府（Djanfou）說，實較揚府（Djanfou）說妥當，固無疑也。

唐代漢字音之研究者，又爲吾輩平素推服之滿田（新造）教授，對答吾輩質問之唐代泉字，謂當爲 dsüen 音。殆與吾輩所見，大體一致。其言曰：

阿剌伯文字之唐，以中國語 Palatal surd 之 Č 代表之例甚多。（Ferrand; Textes relatifs a l'Extrême-orient, Tome I, P. 8）泉秦等之頭音原爲 Palatal sonant，後變 Palatal surd。至如 Ibn Khordâdbeh 時代之泉字頭音，爲 Palatal sonant 乎？抑爲 Palatal surd 乎？應愼重研究，吾輩猶不敢確斷之。然不問其爲 Palatal sonant 或 Palatal surd，泉字之頭音，當與阿剌伯 dj 相一致。

關於泉州之稱作泉府，亦猶唐代稱廣州爲廣府或揚州爲揚府，已爲學界周知之事實。一般皆以爲廣州揚州爲都督府所在地，故稱廣府或揚府者，惟事實上，府不必限於都督府。凡節鎭稱軍府

或使府，郡治爲郡府，州治爲州府。自唐中世以後，節度使之官衙曰大府或會府，而以對此之管下刺史官衙稱作州府或單稱爲府。（『通鑑』唐紀七十五，景福元年之條）是以唐時及以前呼地方長官曰府君與明府也。要之，即非都督府所在地之州，亦可稱府，初無何等疑惑也。

散見於唐代記錄中者，如廣府揚府之外，復有夔府（四川省）魏府（河北省）潞府（山西省）越府（浙江省）黔府（四川省）邠府（陝西省）昇府（江蘇省）等名稱甚多。就中固多都督府或節度使府所在地，惟亦有不在此限者。唐義淨『大唐求法高僧傳』卷上有金府，係指金州而言。（Chavannes; Mémoire sur les Religieux Éminents P. II）然金州固未設置都督府也。據『舊唐書』卷三十九（地理志二）高祖武德三年（六二〇）置金州總管府，或即因此而稱金府，亦未可知。然『舊唐書』地理志所紀，甚多疑點，不得一概憑信。縱然有設置金州總管府之事實，不久當即廢止矣。據唐初魏王泰『括地志』（『岱南閣叢書』本）卷一，太宗貞觀十三年（六三九）時，金州不過爲梁州都督府管下之一州。然其後經過至少四十年之高宗時代之義淨，非稱之曰金府歟？

「舊唐書」卷四十一（地理志四）中，指交州曰交府。想因交州由唐初置總管府或都督府之故，惟遙在唐代以前，交州並未有總管府都督府之劉宋時代，交州似已稱爲交府矣。（參看『通鑑』宋紀六元嘉二十三年之條）又郢州（湖北省江漢道武昌縣）亦於南北朝時代被稱爲郢府。（參看『通鑑』齊紀四，永明十一年之條）按郢州在唐代以前或唐時都未設置都督府。然則此交府及郢府與都督府無關，似不得不認爲係刺史府也。吾輩雖提不出稱泉州爲泉府之實例，然概係約稱泉州刺史府爲泉府，當無待特別之疑惑。法國 Pelliot 氏，在說明唐時稱廣州爲廣府之理由時，曾言：

> 廣州之正名爲廣州府，即稱 "Préfecture de Kouang-tcheou"。至於古代阿剌伯旅行家稱廣東爲 Khanfu 之所以然，據吾輩所知，猶不能充分解釋之。吾輩以爲此 Khanfu 一名，爲廣州府之略稱。按之實際，中國人亦慣用之。如稱保定府爲保府，（宣化府爲宣府，）亦其一例。而廣州府之略稱廣府，其事實曾散見於『大唐求法高僧傳』『大唐貞元續開元釋教錄』等書中。（B. E. F. E. O., 1904. P. 215)

在此應認廣府爲廣州刺史府之略稱歟？抑爲廣州都督府之略稱歟？何者始爲妥當，姑置勿論，總之，Pelliot 氏認廣府爲廣州刺史府之略稱，乃不爭之事實。然此種認定之不得一概排斥，已述於上。通唐之世，今之泉州——唐初之泉州爲今之福州，今之泉州，其名稱起於唐睿宗景雲二年（七一一）以後。——僅有刺史府，而無都督府或節度使府。如 Pelliot 氏所謂中國人所慣用者，稱泉州刺史府爲當時之泉府，則以 Ibn Khordâdbeh 所記之 Djanfou，認爲此泉府之譯音，當無何等障礙也。

在福建地方，早開爲外國貿易港者，除泉州外，復有漳州。英國 Phillips 氏曾以蒙古時代中國之最大貿易港 Zaitûn 擬爲漳州，此說當有相當之贊成者（參看大正四年十月之『史學雜誌』三二至三四頁）漳州在唐代亦稱漳浦郡。漳浦之發音，尤與 Djanfou 適合。設若僅由此點考察，擬 Djanfou 爲漳州，或亦爲一說。然稽之記錄，照之遺跡，泉州之爲外國貿易港，較之漳州，歷史遙古。是以唐代之 Djanfou 與宋元時代之 Zaitûn，自不得不擬之於泉州也。

以上爲吾輩 Djanfou 泉州說之要領。關於局部之研究，材料不充足，考證亦未熟，遺憾不少，吾輩亦深自覺，惟由全局以觀，此種新說，較之從來各說，當信其妥當而無疑也。

（1）對照唐代之東西記錄，除擬定 Khanfou 爲廣州，(Kantou) 爲揚州外，無論如何，當以 Djanfou 求之於福建地方。

（2）而在福建地方之各港中，又不外以泉州擬 Djanfou。

按此爲當然的結論。若 Kanfou 廣州說不廢棄，Kantou 揚州說無搖動，則 Djanfou 泉州說，今後縱有一局部之改訂，而大體的基礎，應不致變更也。

出版説明／

近代海外漢學名著叢刊選取一九四九年以後未再刊行之近代海外漢學作品，編例如次：

一、本叢書遴選之作品在相關學術領域具有一定的代表性，在學術研究方嚮、方法上獨具特色。

二、爲避免重新排印時出錯，本叢書原本原貌影印出版。影印之底本皆經專家組審定，原書字體大小、排版格式均未做大的改變。

三、爲使叢書體例一致，本叢書前言、後記均采用繁體字排版。

四、個別頁碼較少的版本，爲方便裝幀和閲讀，進行了合訂。

五、少數作品有個别破損之處，編者以不改變版本内容爲前提，部分進行修補，難以修復之處保留缺損原狀。

六、原版書中個别错訛之處，皆照原樣影印，未做修改。

由於叢書規模較大，不足之處，在所難免，殷切期待方家指正。

近代海外漢學名著叢刊編委會名單

圖書在版編目(CIP)數據

唐宋貿易港研究 /［日］桑原騭藏著；楊錬譯. —
太原：山西人民出版社，2015.12
(近代海外漢學名著叢刊 / 鄭培凱主編)
ISBN 978-7-203-09412-8

Ⅰ. ①唐… Ⅱ. ①桑… ②楊… Ⅲ. ①港口－交通
運輸史－研究－中國－唐宋時期 Ⅳ. ①F552.9

中國版本圖書館 CIP 數據核字(2015)第 320878 號

唐宋貿易港研究

叢刊主編 鄭培凱
著　　者 ［日］桑原騭藏
譯　　者 楊　錬
責任編輯 崔人杰

出 版 者 山西出版傳媒集團·山西人民出版社
地　　址 太原市建設南路 21 號
郵　　編 030012
發行營銷 0351－4922220　4955996　4956039
　　　　 0351－4922127(傳真)
天猫官網 http://sxrmcbs.tmall.com　0351－4922159(電話)
E－mail sxskcb@163.com　發行部
　　　　 sxskcb@126.com　總編室
網　　址 www.sxskcb.com

經 銷 者 山西出版傳媒集團·山西人民出版社
承 印 廠 山西出版傳媒集團·山西人民印刷有限責任公司

開　　本 700mm×970mm　1/16
印　　張 11
字　　數 83千字
印　　數 1—2000冊
版　　次 2015年12月　第1版
印　　次 2015年12月　第1次印刷
書　　號 ISBN 978-7-203-09412-8
定　　價 36.00圓

国家出版基金项目
NATIONAL PUBLICATION FOUNDATION

[日]桑原騭藏◎著
楊鍊◎譯

唐宋貿易港研究

山西出版傳媒集團
山西人民出版社